D1734250

John Winkelmeyer

Digitale Informationsgüter für Unternehmensgründungen

Diplomica Verlag GmbH

Winkelmeyer, John: Digitale Informationsgüter für Unternehmensgründungen.
Hamburg, Diplomica Verlag GmbH 2013

Buch-ISBN: 978-3-8428-8242-3
PDF-eBook-ISBN: 978-3-8428-3242-8
Druck/Herstellung: Diplomica® Verlag GmbH, Hamburg, 2013

Bibliografische Information der Deutschen Nationalbibliothek:
Die Deutsche Nationalbibliothek verzeichnet diese Publikation in der Deutschen
Nationalbibliografie; detaillierte bibliografische Daten sind im Internet über
http://dnb.d-nb.de abrufbar.

© Diplomica Verlag GmbH
Hermannstal 119k, 22119 Hamburg
http://www.diplomica-verlag.de, Hamburg 2013
Printed in Germany

Inhaltsverzeichnis

Abbildungsverzeichnis

Abkürzungsverzeichnis

TEA   Total Early-Stage Entrepreneurial Activity

IKT   Informations- und Kommunikationstechnik

1 Inhalt und Aufbau der Arbeit

1.1 Hintergrund und Kontext

Die Verbreitung der IKT ließ eine Entwicklung zu, die in den Wirtschaftswissenschaften als quartärer Sektor bezeichnet wird. Dieser Sektor, ebenfalls als Informationssektor bekannt, wurde von Gottmann (1961) in seinem Buch „Megalopolis: The Urbanized Northeastern Seaboard of the United States" beschrieben. Damals noch als Unterkategorie des Tertiärsektors (Dienstleistungssektors) ging es um die Bedeutung von Informationen beim Aufbau von Wirtschaftsmetropolen und ihren Einfluss auf die Durchführung kommerzieller Aktivitäten.

Als Folgerung daraus verwies er auf die Undurchführbarkeit solcher Prozesse, sollte die Tätigkeit nicht von einem gewissen Informationsgrad begleitet werden.[1] Eine Zeitspanne von über 50 Jahren hat die Reife der Informationskonzepte so weit vorangetrieben, dass sie sich zu einem eigenständigen Wirtschaftssektor ausgedehnt haben.

Aus dieser rasanten Entwicklung, das wachsende menschliche Bedürfnis nach Information zu erfüllen, lässt sich ableiten, dass digitale Informationsgüter einen immer höheren Stellenwert im gesellschaftlichen Leben einnehmen werden. Der Ausbau der IKT unterstützt den Prozess, dass Informationsgüter sogenannte Produktivkräfte zum informationellen Kapitalismus beitragen.[2] Die effektive Nutzung der Technologien und der damit einhergehende Austausch von Informationen sind für Unternehmen und auch bei deren Gründung, zu einem wichtigen strategischen Faktor geworden.[3]

Das Forschungsgebiet der digitalen Informationsgüter und ihrer Dynamik bei der Geschäftsmodellentwicklung wirft noch immer Fragen auf, die es zu beantworten gilt. Geschäftsmodelle liefern in diesem Bereich einen Umriss der zu tätigenden Aufgaben, verlieren sich jedoch mit steigender Tiefe des Themas zunehmend. Das Forschungsgebiet klärt

---

[1] Vgl. Gottmann (1961), S. 576 ff.
[2] Vgl. Castells (2001), S. 19, 107 f.; vgl. Kreßner (2008), S. 5.
[3] Vgl. Bloß (2003), S. 23.

nur ungenügend, wie die Interaktion digitaler Informationsgüter mit Geschäftsprozessentscheidungen zusammenhängt.

1.2 Forschungsfragen und methodisches Vorgehen

Wissenschaftliches Arbeiten erfordert das Heranziehen von Forschungsfragen. Diese haben den Ausgangspunkt, dass sie einen Sachverhalt in der Realität aufklären sollen.[4] In dieser Untersuchung beziehen sie sich auf das Gebiet der Wirtschaftswissenschaften, mit dem Schwerpunkt „Geschäftsmodelle für digitale Informationsgüter". Den Hintergrund stellt die Unternehmensgründung dar, anhand deren dargelegt werden soll, welche Entscheidungen bei der Geschäftsmodellkonstellation zu treffen sind, um das Überleben einer Betriebsgründung bestmöglich zu gewährleisten oder zumindest dessen Wahrscheinlichkeit zu erhöhen. In dieser Arbeit werden zwei Forschungsfragen gestellt, die durch eine literarische Beweisführung überprüft und ggf. falsifiziert werden.

- **Forschungsfrage 1:**
  Wie werden digitale Informationsgüter in Klassen formiert, wenn ihre Existenzgrundlagen als Referenz dienen, und bietet ein solches Modell einen Vorteil bei der Ausarbeitung von Geschäftsmodellstrategien?

- **Forschungsfrage 2:**
  Welche Auswirkungen hat eine solche Klassifizierung der digitalen Informationsgüter auf die Strategieentwicklung der Erlös- und Vermarktungsmodelle?

Die Beantwortung der Forschungsfragen beginnt mit der Grundlagenerarbeitung in Kapitel 2–4, in denen die Einflussgrößen für die Ausrichtung eines Geschäftsmodells vorgestellt werden. Eingegangen wird auf die Unternehmensgründung als solche, die Plattform des E-Business als Medium des Handels und das digitale Informationsgut als Gegenstand der

---

[4] Vgl. Kornmeier (2007), S. 75.

Geschäftstätigkeit. Auf die Erarbeitung der Grundlagen folgt ein theoretischer Ansatz zur Formierung der Klassen bei digitalen Informationsgütern.

Darauf aufbauend, beginnt der Hauptteil mit dem Schwerpunkt zur Beantwortung der Forschungsfragen. Darin werden Geschäftsmodelle beschrieben, die sich an dem theoretischen Ansatz orientieren und Aussagen über die Qualifikation und dessen Einsatz in der Praxis treffen. Der letzte Abschnitt befasst sich mit der kritischen Zusammenfassung und Bewertung des abgehandelten Themas und stellt die Eignung und die Defizite der gewonnenen Erkenntnisse in zusammengefasster Form dar. Am Ende dieser Ausführungen wird eine Schlussbetrachtung des Forschungsgegenstands mit einem Ausblick auf zukünftige Untersuchungen durchgeführt.

1.3 Einschränkungen und Abgrenzungen

Das Themengebiet der Geschäftsmodelle für Unternehmensgründungen mit digitalen Informationsgütern bietet ausreichend Material, um sich schnell in der Menge an Informationen und bestehenden Theorien zu verlieren. Aus diesem Grund wird eine strenge Eingrenzung des Forschungsgegenstands und eine Abgrenzung zu anderen Themengebieten umgesetzt, damit eine möglichst aussagefähige Beweiskette vorgelegt wird. In dieser Untersuchung werden selbstständig originäre Unternehmensgründungen betrachtet, die sich unmittelbar in der Konzeptions- und Umsetzungsphase befinden. Das Ziel liegt in der Komplexitätsreduktion, da die Zahl der zu berücksichtigenden Variablen proportional ansteigen würde, je mehr Formen der Unternehmensgründungen miteinbezogen werden.

Der in dieser Arbeit vorgestellte theoretische Ansatz soll die unterschiedlich starken Einflüsse der unvollständigen Information und der Netzwerkeffekte auf die jeweiligen digitalen Informationsgüterklassen wiedergeben und der Klassifizierung an sich eine Einordnung ermöglichen, die nicht durch Doppelauslegungen geprägt ist. Daher werden die inneren und äußeren Einflüsse auf Geschäftsmodelle näher betrachtet, die der unvollständigen Information entspringen. In diesem Kontext liegt ein Schwerpunkt auf den Erlös- und Vermarktungsmodellen und den damit verbundenen Strategien zur Erreichung der Unternehmensziele.

3

2 Unternehmensgründung

2.1 Die Bedeutung der Unternehmensgründung

Die Anzahl der Unternehmensgründungen wird in politischen und wirtschaftlichen Zweigen als Motor für Innovation und Leistungssteigerung angesehen.[5] Sie fördern den Wettbewerb und sorgen für eine stetige Erneuerung von Märkten und Prozessen.[6] Historisch kann festgehalten werden, dass es häufig zu sogenannten Gründungswellen kam, die in periodischen Zyklen wie etwa 1948 das „deutsche Wirtschaftswunder" mithilfe des Marshallplans oder in den 1980er-Jahren die Revolution durch technologieorientierte Unternehmen ganze Märkte und ökonomische Konstrukte neu schaffen oder beleben konnten.[7] Diese sind ein Ausdruck der enormen Relevanz von Unternehmensgründungen und der Auswirkungen des Ausbleibens oder deren Zunahme für Länder oder Branchen.

Bereits 1977 stellten sich in der Gründungsforschung elementare Fragen, die bis heute nicht ausreichend untersucht wurden. Damals wie heute sind Fragen offen, bezüglich der Informationsprobleme bei Existenzgründungen und der einhergehenden Problemstellung, dass die Chancen bei einem Markteintritt nicht erkannt werden.[8] Ein wesentliches Problem stellt die minimale Informationsdichte auf diesem Forschungsgebiet dar.

Heute werden durch den Staat zwangsweise Daten erhoben, die die Gründungs- und Insolvenzraten sowie das Alter oder Geschlecht betreffen, jedoch nicht, welche Maßnahmen und Entscheidungen in einem Unternehmen zu einer positiven oder negativen Wirkung führen. Das Ziel der Gründungsforschung sollte es demnach sein, in den einzelnen Wirtschaftssektoren begünstigende innere und äußere Umweltfaktoren festzustellen, die eine Gründung unterstützen könnten.

---

[5] Vgl. Hering (2005), S. 25.
[6] Vgl. Baldegger/Julien (2011), S. 241.
[7] Vgl. Wenz (1993), S. 97 f.
[8] Vgl. Szyperski/Nathusius (1999), S. 5.

2.2 Definition, Gründungsphasen und -formen

Die Unternehmensgründung beschreibt einen Ablauf, der wie folgt beschrieben wird:

Errichtung eines arbeitsfähigen, erwerbswirtschaftlichen Betriebs. Erforderliche Maß-nahmen: Planung (der Beschaffung, der Leistungserstellung, des Absatzes, der Finanzierung und der Organisation), Beschaffung der Erstausstattung an Kapital, an Personal, an Betriebsmitteln und ggf. Waren oder Stoffen, Aufbau der inneren und äußeren Organisation[9]

Der Kern dieser Definition ist, dass eine Gründung im bestmöglichen Fall einen arbeitsfähigen erwerbswirtschaftlichen Betrieb hervorbringt. Synonym zu „Unternehmensgründung" werden in der Literatur auch Begriffe wie „Entrepreneurship", „Existenzgründung" oder „Start-up" verwendet. Die verschiedenen Begriffe haben stets das gleiche Thema zum Gegenstand, sind mit ihren Inhalten aber nicht deutlich abgegrenzt. Der „Global Entrepreneurship Monitor 2011" unterteilt den Gründungsprozess daher anhand des TEA-Modells in verschiedene Phasen. Dabei durchläuft der Teilnehmer vier Ebenen der Gründung, bis er zum Schluss den Status eines etablierten Unternehmers erhält.

Abbildung 1: TEA-Modell[10]

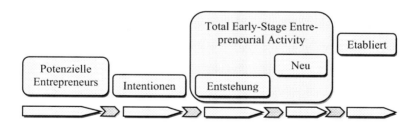

- **Potenzielle**   Potenzielle Unternehmer, die das Wissen und die Fähigkeiten
  Entrepreneurs: besitzen, theoretisch ein Unternehmen zu gründen

- **Intentionen:**   Umfasst diejenigen, die auch die Absicht verfolgen, diese Fähigkeiten umzusetzen

---

[9] Vgl. Achleitner/Breuer/Breuer (2012).
[10] Quelle: in Anlehnung an Bosma/Wennekers/Ernesto (2012), S. 10.

- **Entstehung:**   In diesem Zeitabschnitt geht es um die Planung und Umsetzung der zukünftigen unternehmerischen Tätigkeit.

- **Neu:**   Auf dieser Ebene wird den Unternehmensgründern ein Zeitraum von 3,5 Jahren eingeräumt, um sich auf dem Markt durchzusetzen.

- **Etabliert:**   Wird diese Stufe erreicht, erhält der Unternehmer den Titel eines „etablierten Entrepreneurs" und ist somit auf dem Markt angekommen.[11]

Für die Erarbeitung schlüssiger Behauptungen wird sich der Betrachtungszeitraum im weiteren Verlauf der Untersuchung auf die Entstehungs- und die neue Phase des TEA-Modells konzentrieren. In diesen Abschnitten finden sowohl die Planung als auch die Umsetzung der Geschäftsidee statt und liefern somit eine genauere Betrachtung des Ursache-Wirkungs-Verhältnisses von Erfolg und Misserfolg.

Das Themenfeld darf sich jedoch nicht nur auf die Phasen einer Gründung im Zeitablauf beschränken, sondern muss auch auf die jeweiligen Formen einer Unternehmensgründung eingehen. Für die Unterteilung wird ein Modell von Szyperski und Nathusius verwendet.[12] Sie gliedern die Gründungsformen in vier unterschiedliche Kategorien, wobei auf zwei Achsen vier Variable definiert werden. Auf der einen Seite werden die derivativen und originären Formen aufgestellt und auf der anderen die selbstständigen und unselbstständigen Unternehmensgründungen. Zusammen ergeben sich dadurch dann vier voneinander zu unterscheidende Gründungsformen.

---

[11] Vgl. Bosma/Wennekers/Ernesto (2012), S. 10 f.

[12] Definition: Ein Firmenwert ist der Betrag, den ein Käufer bei Übernahme einer Unternehmung als Ganzes […] zu zahlen bereit ist (Unternehmungsmehrwert). Firmenwertbildende Faktoren sind z. B. gutes Management, effiziente Herstellungsverfahren bzw. Betriebsorganisation, Facharbeiterstamm, verkehrsgünstige Lage, Stammkundschaft. Für die Bilanzierung in Handels- und Steuerrecht zu unterscheiden: (1) Originärer (selbst geschaffener) Firmenwert, entspricht der Differenz von Ertragswert und Substanzwert; (2) derivativer (abgeleiteter) Firmenwert; letzterer [sic!] wird durch Kauf erworben und entspricht der Differenz zwischen Kaufpreis und Substanzwert; Dennerlein et al. (2012).

Abbildung 2:   Gründungsformen[13]

	Derivative Gründung	Originäre Gründung
Unselbstständige Gründung	Unechte Gründung – Fusion – Umgründung	Betriebsgründung – z. B. Gründung einer Tochterunternehmung
Selbstständige Gründung	Gründung durch Betriebsübernahme -Nachfolge	Unternehmensgründung

Aus den unterschiedlichen Schnittstellen geht hervor, dass nur ein Feld vollkommen frei von Umwelteinflüssen gegründet werden kann. Die Errichtung eines Unternehmens ohne Einmischung von außen gelingt nur in der selbstständig originären Schnittstelle.[14] Diese Form der Gründung ist auch die reinste Bildung eines Unternehmens, aus der sich alle anderen Formen ableiten lassen.

Eine Gegenüberstellung der Felder ist im Rahmen dieser Arbeit nicht vorgesehen. Jede Kreuzung für sich allein genommen, kann, objektiv betrachtet, verglichen und mit den in dem Objekt zuständigen Parametern analysiert werden. Jedoch multiplizieren sich die Möglichkeiten der zu betrachtenden Variablen, wenn die Felder einander gegenübergestellt werden. Insbesondere bei der Gründung eines Unternehmens sind die Anfangszustände von grundlegender Bedeutung, um eine schlüssige Aussage über messbare Fortschritte zu liefern. Für eine zweckmäßige Auseinandersetzung ist es erforderlich, sich auf eines der Felder zu beschränken.[15]

Die Kernaussage bildet sich anhand der zuvor aufgestellten Prämissen und besagt, dass, wenn alle Handlungsstränge für den Erfolg oder Misserfolg eines Unternehmens gefunden werden sollen, sie in der Entstehungs- und neuen Phase sowie in der selbstständig originä-

---

[13] Quelle: in Anlehnung an Szyperski/Nathusius (1999), S. 27.
[14] Vgl. Szyperski/Nathusius (1999), S. 29.
[15] Vgl. Kornmeier (2007), S. 75.

7

ren Gründung zu suchen sind, da die gewonnenen Erkenntnisse auf diesem Wege einen höheren Aussagewert erhalten.

2.3 Die Auswirkungen des Internets

Unternehmensgründungen profitieren in der heutigen Zeit von der ansteigenden Nutzung der IKT und der allgegenwärtigen Vernetzung in allen Bereichen des menschlichen Daseins. Für Unternehmen haben sich viele Vorteile ergeben, die nicht nur den etablierten, sondern auch den neugegründeten Unternehmen helfen, sich auf dem Markt zu positionieren.

Eine Standardisierung der Geschäftsprozesse führt zwangsläufig zu deren Automatisierung. Dieser Prozess sorgt beim Internethandel und generell bei Geschäftsprozessen für Kosten-, Zeit- und Personaleinsparungen.[16] Der Faktor Internet hat diesen Umstand bei digitalen Informationsgütern um ein Vielfaches erweitert. Die Technologie führt bei digitalisierten Leistungsangeboten zu einer Reduktion der Transaktionskosten. Die Transaktionszeiten haben sich ebenfalls reduziert, da die Daten zum Zeitpunkt des Zahlungseingangs elektronisch abrufbar sind.

Digitale Informationsgüter liegen zudem meist nur in elektronischer Form vor, sodass keine Kosten für Verkaufsräume oder Lagerflächen anfallen. Diese Umstände haben die Entwicklung von Informationsangeboten im Internet ermöglicht und elementare Veränderungen bei den Geschäftsprozessen zugelassen.[17] Unter diesen Bedingungen erlangen Existenzgründer einen Vorteil gegenüber dem Handel mit materiellen Produkten.[18]

Generell unterstützt das Internet auch die Entwicklung, den Absatzmarkt auszubauen, was die Steigerung der Anzahl möglicher Kunden bedeutet. Ein weiterer Punkt ist die Vervielfältigung der Marketingoptionen eines Unternehmens. Bereits heute ist das standardmäßige Marketing eher toleriert als gewollt, da die Werbung im Internet einen viel anwenderorien-

---

[16] Vgl. Ebel (2004), S. 55.
[17] Vgl. Blunck (2003), S. 6.
[18] Vgl. Bereuter (2012), S. 12 f.

tierteren Wirkungsgrad aufweist. So gelang der Internetwerbung 2011 in Deutschland ein Plus der Nettoeinnahmen von 15 Prozent.[19] Für Existenzgründungen im Informationssektor über das Internet führt jeder dieser Punkte zu einem einfacheren und kostengünstigeren Einstieg in den Markt.

Dies soll jedoch nicht bedeuten, dass der anschließende Wettbewerb leichter zu bestehen ist. Häufig verhält es sich genau umgekehrt, da die Zahl der konkurrierenden Unternehmen nicht mehr durch physikalische Gegebenheiten begrenzt ist, was theoretisch und nur zum Teil dem Modell der vollkommenen Konkurrenz[20] nahekommt.[21] Um nicht diesen Hindernissen zu unterliegen, braucht es eine eindeutige und möglichst umfassende Planung in Form eines Geschäftsmodells.

Das Internet ist eine begünstigende Plattform für digitale Informationsgüter und erleichtert die Kommunikation mit einer stetig wachsenden Anzahl von Menschen. Hinzu kommen positive Faktoren der Kosteneinsparung, die besonders bei Unternehmensgründungen als Vorteile gegenüber der physischen Welt des Handelns zu werten sind.

---

[19] Vgl. Zentralverband der deutschen Werbewirtschaft e. V. (2012).
[20] Definition: Marktmodell, das durch einen stationären Zustand der Wirtschaft bei maximaler wirtschaftlicher Effizienz (optimale Faktorallokation) geprägt ist. Aufgrund zahlreicher realitätsferner Annahmen über das Verhalten der Wirtschaftssubjekte und sonstiger vorherrschender Rahmenbedingungen sowie im Hinblick auf drohende Zielkonflikte taugt das Modell der vollkommenen Konkurrenz allenfalls bedingt als wirtschaftspolitisches Leitbild; Mecke (2012).
[21] Vgl. Ahlert (2001), S. 195.

3 E-Business als Plattform der Unternehmensgründung

Die Literatur versucht seit Längerem, die Begriffe „E-Business" und „E-Commerce" voneinander zu trennen, weil sie seit Beginn der Net-Economy häufig als gegenseitige Synonyme verwendet werden. Eine Lösung dieses Problems liefert die hierarische Gliederung mit „E-Business" als Oberbegriff. Dieser umfasst alle elektronischen und betriebswirtschaftlichen Aktivitäten wie z. B. das Marketing oder den Ein- und Verkauf, die über das Internet getätigt werden können, wobei sich der E-Commerce ausschließlich mit der Transaktion von Produkten oder Dienstleistungen befasst.[22]

3.1 Akteure im Handel

Unter den Akteuren im elektronischen Handel wird die Art der Geschäftsbeziehung verstanden, in der man als Person oder Institution am Markt teilnimmt und welche Kundengruppe bedient wird. Dabei werden die Akteure „Consumer", „Business" und „Administration" definiert, die jeweils eine Rolle mit einer bestimmten Ausrichtung am Handel einnehmen. Diese führen durch unterschiedliche Anordnungen zu neun verschiedenen Konstellationen, die die Geschäftsmodellentwicklung grundlegend beeinflussen.[23]

---

[22] Vgl. Blunck (2003), S. 2.
[23] Vgl. Hermanns/Sauter (1999), S. 23.

Abbildung 3:   Akteure im elektronischen Handel[24]

		Nachfrager		
		Consumer	Business	Administration
Anbieter	Consumer	**Consumer-to-Consumer** (Erfahrungsberichte)	**Consumer-to-Business** (Jobbörsen)	**Consumer-to-Administration** (Behördenservice)
	Business	**Business-to-Consumer** (Shops)	**Business-to-Business** (Marktplätze)	**Business-to-Administration** (Finanzämter)
	Administration	**Administration-to-Consumer** (z. B. Steuererklärung)	**Administration-to-Business** (z. B. Onlineeinkauf)	**Administration-to-Administration** (z. B. Datenabgleich)

Die Spezialisierung im elektronischen Handel erfordert eine Ausrichtung der Geschäftsmodelle nach den Bedürfnissen der Handelspartner. Dafür muss z. B. die Unternehmens- oder Produktpräsentation an die unterschiedlichen Kundenerwartungen angepasst werden. Ein Unternehmen stellt andere Anforderungen als ein Konsument.

Die populärste Ausrichtung im elektronischen Handel ist die B2C-Beziehung. In diesem Bereich findet der klassische Handel statt, wie man ihn z. B. von den Warenhäusern kennt. Der Handel im B2B-Bereich findet ebenfalls eine breite Anwendung, ist für den gewöhnlichen Nutzer im Internet aber weniger gut sichtbar. Dieser Bereich ist nicht nur für den Handel zwischen Unternehmen geeignet, sondern auch um eine Effizienzsteigerung zu erzielen. Dabei werden z. B. Ein- und Verkäufer gezielt auf Plattformen zusammengeführt, um Beschaffungs- und Produktionskosten zu reduzieren.[25] Die Administrationskonstellationen einschließlich des C2B-Bereichs sind in ihren Dimensionen nicht mit den vorangegangenen Gebieten zu vergleichen, finden jedoch auch Anwendung, um Kontaktaufnahmen und Kommunikationswege zu vereinfachen.[26]

---

[24] Quelle: in Anlehnung an Hermanns/Sauter (1999), S. 23.
[25] Hermanns/Sauter (2001), S. 27.
[26] Vgl. ebd., S. 29 f.

11

3.2 Horizontale und vertikale Marktplätze

Neben der Ausrichtung auf eine oder mehrere Kundengruppen ist festzustellen, in welchem Maß der Geschäftsgegenstand das Bedürfnis der Leistungsnachfrager befriedigen soll. Hierbei spricht die Literatur von sogenannten horizontalen und vertikalen Marktplätzen. Ein horizontaler Markt handelt mit Gütern, die branchenübergreifend eingesetzt werden. Hierzu zählen z. B. Büroartikel und USB-Speichermedien. Sie kommen nicht nur in IT-Unternehmen zum Einsatz, sondern auch im Einzelhandel oder Pharmakonzernen. Ein vertikaler Markt hingegen bedient nur einen Branche, will dafür aber den ganzen Produktionsprozess bedienen.[27]

Hierbei wird dann nicht nur eine Schraube für den Zusammenbau eines Motors geliefert, sondern auch der Motorblock, die Kolben und andere verwendete Bauteile. Beide Ausrichtungen sind in ihren Modellen sehr unterschiedlich. Der horizontale Markt vermeidet eine Spezialisierung, setzt das Preisniveau niedrig an und führt dadurch zu einer höheren verkauften Stückzahl. Die vertikalen Marktplätze konzentrieren sich auf nur einen Produktionsprozess, sind in ihrem Preissegment aber deutlich höher angesiedelt und qualitativ hochwertiger.

Für ein digitales Informationsgut wäre ein Szenario denkbar, das die Informationsversorgung eines Netzwerks auf jedem Themengebiet abdeckt. Dabei sind die Informationen auf das Wichtigste und Nötigste beschränkt, um die Machbarkeit der Unternehmung zu gewährleisten. In diesem Fall ist die Geschäftstätigkeit auf den horizontalen Markt ausgerichtet. Gilt die Informationsversorgung hingegen einem Netzwerk, das ein einziges Thema hat, wie z. B. die Architektur, müssen die Informationen zwangsläufig detaillierter sein, um dem spezialisierten Nutzer zu entsprechen, sodass die Unternehmung Teil eines vertikalen Marktplatzes wird.

Die Unternehmensgründung stünde mit den horizontalen und vertikalen Marktplätzen vor der Aufgabe, das Geschäftsmodell mit der Ausrichtung der Geschäftstätigkeit anzugleichen. Damit werden zwangsläufig das Leistungsangebot und die Erlös- und Vermarktungs-

---

[27] Vgl. Blunck (2003), S. 76.

strategien beeinflusst. Aus diesem Grund sind die Entscheidungen so relevant, sich – A – für die eigene Position und die der Handelspartner auf dem Markt zu entscheiden und – B – entweder den horizontalen oder den vertikalen Marktplätzen anzuschließen.

3.3 Elektronische Geschäftskonzepte

Elektronische Geschäftskonzepte beschreiben den Handel in der Net-Economy und beruhen im Wesentlichen auf vier verschiedenen Modellen des Leistungsangebots.[28] Die Grundlage dieser Verfahren ist der Elektronische-Wertschöpfungsprozess. Dieser hat digitale Informationen zum Gegenstand, die im Betrieb durch reale Prozesse aufbereitet werden und im Anschluss für den Nutzer einen Mehrwert ergeben sollen. Der Vorgang erfordert im ersten Schritt die Sammlung einer Datenbasis (Informationsinput), die für den Wertschöpfungsprozess geeignet ist.

Im Anschluss wird mit der Informationsverarbeitung der tatsächliche Added Value (Mehrwert) geschaffen, indem die gesammelte Datenbasis transformiert und aufbereitet wird. Die letzte Aufgabe besteht in der Datenübertragung des geschaffenen Produkts an die Leistungsnachfrager.[29] Der Wertschöpfungsprozess ist bei elektronischen Geschäftskonzepten direkt als Wertschöpfungsfunktion oder indirekt als Teil der Wertschöpfungskette anzusehen.[30]

Das elektronische Geschäftskonzept **Content** verbindet die Sammlung, Selektion, Systematisierung, Kompilierung und Bereitstellung von Inhalten auf einer eigenen Plattform innerhalb der Net-Economy.[31] Für den Gebrauch ist häufig eine mühelose und unkomplizierte Handhabung eingebaut, um eine effiziente Nutzung der bereitgestellten Inhalte zu gewährleisten.[32] Beispiele für diese Konzepte sind Nachrichtensender wie die ARD mit der Tages-

---

[28] Vgl. Wirtz (2000), S. 87.
[29] Vgl. Kollmann (2009), Stichwort: Elektronisches Geschäftskonzept, S. 96 f.
[30] Vgl. Kollmann (2011), S. 39 ff.
[31] Vgl. Wirtz (2000), S. 89.
[32] Vgl. ebd., S. 49 f.

schau, Wirtschaftsdatenbankanbieter wie LexisNexis und Videoportale wie MyVideo oder YouTube.[33]

Alle Plattformen erzielen ihre Einnahmen sowohl über direkte als auch über indirekte Erlösmodelle. Der Fokus liegt allerdings auf der indirekten Erlösgenerierung, da bezüglich solcher Inhalte nur eine geringe Zahlungsbereitschaft vorhanden ist. Erst mit einer Spezialisierung lassen sich auch direkte Erlösformen in das Geschäftsmodell integrieren.[34]

Das Geschäftskonzept **Commerce** spiegelt die traditionellste Art des Handels wider, die die Anbahnung, Aushandlung und Abwicklung geschäftlicher Transaktionen über Netzwerke umfasst. Sowohl bei der Unternehmensgründung als auch bei bestehenden Unternehmen führt dieses Geschäftskonzept zu einer Erweiterung, Ergänzung oder Substituierung der Transaktionsphasen. Bei diesem Modell sind die transaktionsabhängigen direkten und indirekten Erlöse dominant, die entweder als Transaktionserlöse oder in Form von Provisionen zustande kommen. Die zweite Einnahmequelle stammt aus den indirekten Verkaufserlösen aus Werbung oder Data-Mining-Profilen.[35]

Die **Context**-Variante der elektronischen Geschäftskonzepte bezieht sich auf die Klassifizierung und Systematisierung verfügbarer Informationen und Leistungen in der Net-Economy. Der Fokus liegt auf der Reduktion der Komplexität und der Verbesserung der Orientierung wie z. B. durch den Einsatz von Indexierungsmechanismen[36].[37] Ein Beispiel für dieses Geschäftskonzept ist der Suchmaschinenanbieter Google[38]. Im Context-Geschäftsmodell wird der Hauptteil aller Erträge durch indirekte Erlöse generiert, da hohe Zugriffsraten die Bannerwerbung oder das Sponsorship unterstützen.[39]

---

[33] www.tageschau.de.; www.lexisnexis.de.; www.myvideo.de.; www.youtube.de.
[34] Vgl. Wirtz (2000), S. 89.
[35] Vgl. ebd., S. 90.
[36] Ein Indexierungsmechanismus ist z. B. die Verwendung der Maße von Precision und Recall. Die Aufgabe besteht darin, alle gefundenen und nicht gefundenen Treffer mit den relevanten und irrelevanten Treffern ins Verhältnis zu setzen, um einen Wert zu errechnen, der eine Aussage über die Qualität und Quantität einer Suche trifft; vgl. Gödert/Lepsky/Nagelschmidt (2010), S. 3 f.
[37] Vgl. Wirtz (2000), S. 91 ff.
[38] www.google.de.
[39] Vgl. Wirtz (2000), S. 93.

Das Modell der **Connection** schafft Möglichkeiten des Informationsaustauschs, indem es Akteure in Netzwerken organisiert oder miteinander verbindet. Dabei kann die Zusammenarbeit auf kommunikativer, kommerzieller und technologischer Ebene stattfinden. Sie schafft einen Kommunikationskanal, der sich aufgrund von Barrieren in der physischen Welt mithilfe von Dienstleistungen über das Internet beseitigen lässt. Die Erlöse werden bei diesem Geschäftskonzept durch transaktionsunabhängige Einrichtungs- und/oder Grundgebühren sowie durch transaktionsabhängige Verbindungs- und/oder Nutzungsgebühren erzielt. Unternehmen mit kommerziellen und kommunikativen Dienstleistungen generieren ihre Erlöse durch indirekte Modelle wie die Werbung oder das Sponsorship.[40] Beispiele sind die Mailingdienstanbieter Hotmail oder Google.[41]

Abbildung 4:   Eigenschaften von elektronischen Geschäftkonzepten[42]

	Content	Commerce	Context	Connection
Zweck	Bereitstellung konsumentenorientierter und personalisierter Inhalte über Netzwerke	Ergänzung bzw. Substitution traditioneller Transaktionsphasen über Netzwerke	Reduktion von Komplexität und Bereitstellung von Navigationshilfen über Netzwerke	Schaffung technologischer, kommerzieller oder kommunikativer Verbindungen in Netzwerken
Erlöse	Direkte (Premiuminhalte) und indirekte Erlösmodelle (Werbung)	Transaktionsabhängige direkte und indirekte Erlösmodelle	Direkte (Inhaltsaufnahme) und indirekte Erlösmodelle (Werbung)	Direkte (Objektaufnahme/ Verbindungsgebühr) und indirekte Erlösmodelle
Mehrwert	Überblick, Auswahl, Kooperation, Abwicklung	Überblick, Auswahl, Abwicklung	Überblick, Auswahl, Vermittlung, Austausch	Überblick, Auswahl, Vermittlung, Abwicklung, Austausch
Beispie-	– ARD online – FAZ.NET – ITunes Store	– Ebay.de – Amazon.de – Danto.de	– Yahoo.com – Idealo.de – Google.com	– WEB.de – AOL – Skype

Bei allen elektronischen Geschäftskonzepten ist gleich, dass sie erst mit der Zusammenführung, Verarbeitung und Verteilung digitaler Informationen beginnen. Dabei können die

---

[40] Vgl. ebd., S. 93 f.
[41] www.hotmail.de.; www.googlemail.com.
[42] Quelle: in Anlehnung an Wirtz (2000), S. 95.

Informationen als direktes Produkt eingesetzt werden oder Teil des Wertschöpfungsprozesses sein, der den Handel mit den direkten Verkaufsprodukten ermöglicht. In allen Fällen liegt der Konsens auf dem unmittelbaren Gebrauch von Informationen, die entweder selbst als Erzeugnis oder als Attribut eines Erzeugnisses verkauft werden.

4 Das Informationsgut als Grundlage der Geschäftstätigkeit

Die Informationsökonomie untersucht die Gebiete der Informationsbe- und -verschaffung. Darauf aufbauend, werden die Zustände der unvollständigen Information diskutiert, die sich aus Unsicherheiten bezüglich der Aktualität von Informationen sowie der Vertrauensebene zwischen Leistungsersteller und Nachfrager sowie aus asymmetrischen Informationsverteilungen ergeben.[43] Jedes Element der unvollständigen Information gilt somit als Einflussfaktor für geschäftsmodellrelevante Entscheidungen und wird in die kommenden Untersuchungen miteinbezogen.

Die Information an sich bezeichnet im Wesentlichen alles, was digitalisiert und als Bitstrom codiert werden kann.[44] Darüber hinaus ist die Information der Teil einer Nachricht, die für den Leistungsnachfrager einen Wert darstellt.[45] Diese Eigenschaften sind zusammengenommen die Voraussetzungen für ein digitales Informationsgut. Solche Güter haben aufgrund der unvollständigen Information viele Such-, Erfahrungs- und Vertrauenseigenschaften.[46] Bei Suchgütern kann der Konsument die Leistungseigenschaften vor dem Kauf überprüfen. Die Erfahrungsgüter erlauben dem Käufer eine Beurteilung erst nach dem Erwerb, wohingegen eine Begutachtung bei Vertrauensgütern ganz entfällt.[47]

4.1 Informations- und öffentliche Güter im Vergleich

Die Wirtschaftlichkeit von Gütern hat sich immer an deren Knappheit bemessen und folgt dem Gesetz, dass die verfügbare Menge immer geringer sein muss als die Nachfrage, um eine Zahlungsbereitschaft auszulösen.[48] Das Gut muss daher dem Ausschlussprinzip unterliegen, wonach es einer Person zugesprochen wird und dadurch andere Nutzer ausschließt.[49] Zudem muss das Konkurrenzprinzip eintreten, bei dem die Wertschätzung eines

---

[43] Vgl. Wolff/Picot (2012).
[44] Vgl. Shapiro/Varian (1999), S. 13.
[45] Vgl. Lackes/Siepermann/Schewe (2012).
[46] Vgl. Shapiro/Varian (1999), S. 17 f.
[47] Vgl. Kirchgeorg (2012).
[48] Vgl. Piekenbrock (2012).
[49] Vgl. Mankiw/Wagner (2004), S. 246.

Gutes von dessen exklusiver Nutzung abhängt, oder indem das Gut jedem frei zugänglich ist, ohne dass der Wert für jeden Einzelnen dabei reduziert wird.[50]

Bei öffentlichen Gütern treten beide Gesetze nicht in Kraft. Als Beispiele können die nationale Verteidigung eines Landes oder die Armutsbekämpfung durch sozialstaatliche Maßnahmen angegeben werden. Muss die Armee das Volk beschützen, tut sie dies als Ganzes, weil sie nicht fähig ist, einzelne Personen davon auszuschließen. Außerdem wird niemand von der Nutzung ausgeschlossen, da sie jeder gleichzeitig beanspruchen kann.[51]

Bei Informationsgütern lässt sich das Ausschlussprinzip nur mit erheblichen Anstrengungen und unter Anwendung von Gesetzen durchsetzen. Das Konkurrenzprinzip hingegen findet bei digitalen Informationsgütern keine Anwendung, da sie beliebig häufig repliziert werden können. Als Ableitung des Modells von Mankiw und Wagner wird für die Konkurrenzvariable die der entstehenden Netzwerkeffekte eingefügt.

Abbildung 5: Netzwerkeffekte und Ausschlussprinzip bei Informationsgütern[52]

		Netzeffekte	
		Negativ	**Positiv**
Ausschluss-prinzip	**Ja**	Private Information	Markt-information
	Nein	System-information	Öffentliche Information

- **Private Information:**   Andere können von der Nutzung ausgeschlossen werden.
- **Systeminformation:**   Die Informationen liegen einem bestimmten Personenkreis vor und haben negative Auswirkungen bei ihrer Verbreitung.

---

[50] Vgl. Linde/Stock (2011), S. 64 ff.
[51] Vgl. Mankiw/Wagner (2004), S. 246.
[52] Quelle: Linde/Stock (2011), S. 68.

- **Marktinformation:** Eine Information, deren Erwerb von der Zahlung eines Entgelts abhängig ist.
- **Öffentliche Information:** Die Verbreitung erfolgt frei und unkontrolliert.[53]

Als Resultat ergeben sich positive und negative Netzwerkeffekte, je nachdem, auf welche Felder sie sich beziehen. Private und Systeminformationen unterliegen dem Ausschluss-prinzip, haben aber durch entstehende Netzwerkeffekte erhebliche negative Auswirkungen bei ihrer Verbreitung, wohingegen Markt- und öffentliche Informationen davon profitie-ren.[54]

4.2 Netzwerkeffekte

Bei Informationsgütern handelt es sich um Netzwerkgüter, die direkte und indirekte Netz-werkeffekte haben können. Unterschieden werden Basisnutzen und Netzeffektnutzen. Der Basisnutzen ergibt sich aus dem Gebrauch des Produkts selbst und der Netzeffektnutzen aus dem Mehrwert, der aus einer steigenden Anzahl von Teilnehmern resultiert.[55] Bei Netzwerkeffekten sind verschiedene Ausrichtungen möglich, die bei steigender Nutzerzahl auftreten und positive oder negative Auswirkungen auf digitale Informationsgüter haben (vgl. Kapitel 4.1).[56]

Reale und virtuelle Netzwerke sind gleichermaßen kritisch zu beurteilen, da sie Marktakti-vitäten und Wettbewerbsstrategien beeinflussen.[57] In diesem Zusammenhang sind erhebli-che Unterschiede in der Handlungsweise der Old und der New Economy festzuhalten. Die alte industrielle Wirtschaft wird durch die Economy of Scale beeinflusst, wohingegen es bei der neuen Informationswirtschaft um die Economy of Networks geht.[58]

---

[53] Vgl. Linde/Stock (2011), S. 69.
[54] Vgl. ebd. (2011), S. 68.
[55] Vgl. ebd. (2011), S. 71 ff.
[56] Vgl. Simon/Clausen/Tacke (2012).
[57] Vgl. Shapiro/Varian (1999), S. 174.
[58] Vgl. ebd., S. 173.

Die klassische Adoptions- und Diffusionsforschung der Telekommunikation unterscheidet drei Güterklassen, die von Netzeffekten mehr oder weniger beeinflusst werden.[59] Die singulären Güter (Basisgüter) werden am wenigsten beeinflusst, da der Mehrwert aus der Nutzung des Gutes selbst entstammt (vgl. Kapitel 5.2.1). Systemgüter entfalten ihre Netzwerkeffekte erst, wenn eine Verbindung zu einem anderen Nutzer aufgebaut worden ist und seinen Basisnutzen somit durch den Netzwerknutzen bezieht. Die letzte Gruppe sind die Netzwerkgüter, die sowohl einen eigenständigen Basisnutzen als auch einen Netzeffektnutzen aufweisen.[60]

4.2.1 Direkte Netzwerkeffekte

Direkte Netzwerkeffekte erzielen ihren Nutzen aus dem Produkt selbst und der Vernetzung zu anderen Konsumenten mit demselben Gut. Ein Beispiel ist ein Softwareprodukt, das für den Anwender einen Wert darstellt, weil es eine primäre Aufgabe erfüllt. Ein Netzwerkeffekt tritt ein, wenn der Konsument einem anderen Nutzer die gespeicherten Daten aus diesem Programm zeigen möchte und dieser die gleiche Software verwendet. Die Daten können dadurch sofort eingesehen und bearbeitet werden. Somit erlangen das Produkt und der Nutzer einen direkten Netzwerkeffekt mit einer Wertsteigerung durch die erhöhte Kompatibilität.[61]

Im Bereich des Contents werden z. B. Netzwerkeffekte erzielt, wenn sich eine Gruppe von Menschen über ein Produkt oder einen Sachverhalt äußert. Dabei werden zwei Netzeffekte generiert. Bei dem ersten entsteht eine positive Bewertung, die eine höhere Nachfrage nach dem Angebot bewirken kann. Der zweite Netzeffekt bewirkt eine Vergrößerung des Nutzerkreises, mit der Konsequenz, dass Nutzer, die nicht Teil des Netzwerks sind, sich diesem anschließen wollen, um sich über die gleichen Inhalte austauschen. Die Auswirkungen der Netzeffekte können auch nachteilig sein, da die Bewertungen von Personen nicht immer

---

[59] Eine Abgrenzung der digitalen Informationsgüter zur Theorie von Weiber wird ab Kapitel 5 und insbesondere in Kapitel 5.2.1 vorgenommen.
[60] Vgl. Weiber (1992), S. 15 ff.
[61] Vgl. Shapiro/Varian (1999), S. 241 f., 251 ff.

positiv ausfallen und eine Reduktion der Views beim Content oder der verkauften Produkte nach sich ziehen.[62]

Als Ergebnis der direkten Netzwerkeffekte ist zusammenzufassen, dass, umso mehr Nutzer ein Netzwerk aufweist, der Zugang zu diesem immer wertvoller wird, und umso mehr verbundene Einheiten in diesem Netzwerk zusammenkommen, desto höher der Wert jeder vernetzten Einheit wird.[63]

4.2.2   Indirekte Netzwerkeffekte

Im Gegensatz zu direkten Netzwerkeffekten, bei denen die Mehrwerte über ein primäres Produkt gewonnen werden, gelingt es indirekten Netzwerkeffekten, einen weiteren Nutzen aus einem zusätzlichen Angebot an Komplementärgütern zu ziehen. Dies ist insofern von Bedeutung, als diese Effekte bei vielen Leistungsangeboten in die Kaufentscheidung miteinbezogen werden. Demnach haben Produkte, die eine größere Vielfalt an Komplementärgütern aufweisen, eine höhere Wahrscheinlichkeit, verkauft zu werden.

Damit sind Informationsgüter wie Softwareprogramme gemeint, die z. B. eine Kompatibilität mit anderen Softwareprodukten haben oder einen Servicedienst zur Verfügung stellen, der bei Installationsproblemen hilft. Auch im Content-Bereich hängt die Verkaufszahl direkt von der Zahl verkaufter Komplementärgüter ab.[64] Informationsgüter wie E-Books werden nur in dem Fall häufig verkauft, umso mehr Menschen einen E-Reader besitzen.

Direkte und indirekte Netzeffekte haben einen erheblichen Anteil an der Verbreitung und dem Verkauf digitaler Informationsgüter. Die Entwicklung von Netzeffektstrategien ist ein elementarer Baustein, der bei Unternehmensgründungen miteinbezogen werden muss. Unerheblich ist, ob die Strategien darauf abzielen, Netzeffekte zu unterdrücken oder zu fördern, solange sie nur in die unternehmerischen Entscheidungen miteinbezogen werden.

---

[62] Zit. nach Linde/Stock (2011), S. 58 f.
[63] Vgl. Urchs (1999), S. 40.
[64] Zit. nach Linde/Stock (2011), S. 60 f.; vgl. Shapiro/Varian (1999), S. 254 ff.

4.3 Asymmetrische Informationsverteilung

Bei Informationsgütern treten asymmetrische Informationsverteilungen auf. Die Informationsasymmetrie bedeutet ein Ungleichgewicht der vertragsrelevanten Informationen über einen Kontrakt zwischen zwei Parteien.[65] In vollem Umfang sind vier Arten der endogenen Informationsasymmetrie bekannt.[66]

Die **Hidden Characteristic** bezeichnet Unsicherheiten, die bei den Eigenschaften einer Leistung aufkommen. Die resultierende Gefahr besteht in der Auswahl eines schlechten Vertragspartners, was als „adverse selection" bezeichnet wird.[67] Diese Theorie beruht auf dem „The Market of Lemons"-Modell, dass das Phänomen beschreibt, dass die Leistungsnachfrager ein Informationsdefizit bezüglich der Qualität der Produkte und Dienstleistungen haben. Hierüber entsteht eine geringere Zahlungsbereitschaft. Somit werden nur Produkte mit durchschnittlicher oder geringer Qualität gekauft und verdrängen in der Konsequenz die Angebote auf höherem Qualitätsniveau.[68] Ein Marktversagen vollzieht sich dann anhand der entstandenen Wohlfahrtsverluste über die Reduktion der angebotenen Qualität.[69]

Die **Hidden Action** bezeichnet die Leistungsanstrengung, die nach dem Vertragsabschluss nicht geprüft werden kann.[70] Die Handlungen sind auf der Anbieterseite nicht von der Nachfragerseite prüfbar und können für diese zu Benachteiligungen führen.[71] Ein Problem entsteht bei Vertragsabschlüssen, wenn das Produkt erst noch geschaffen werden muss, bevor es ausgeliefert werden kann. Eine weitere Barriere entsteht, wenn ein Vertrag über

---

[65] Vgl. Kollmann (2009), Stichwort: Informationsasymmetrie, S. 201
[66] Definition: Exogene Informationsasymmetrien beschreiben die Tatsache, das es außerhalb des Marktes Ereignisse gibt, die eine Transaktion beeinflussen können und über die die Marktparteien nicht oder nur begrenzt informiert sind. Solche Ereignisse können beispielsweise Rohstofffunde, Erfindungen, Naturkatastrophen oder Regierungsbeschlüsse sein. Unter endogener Informationsasymmetrie ist demgegenüber jene ungleiche Verteilung von Information zu verstehen, die auf das Verhalten der Marktparteien zurückzuführen ist und somit innerhalb des Marktes (endogen) erzeugt wird; zit. nach McLachlan (1999), S. 21 f.
[67] Vgl. Göbel (2002), S. 101.
[68] Vgl. Akerlof (1970), S. 489 ff.
[69] Vgl. Linde/Stock (2011), S. 52.
[70] Vgl. Göbel (2002), S. 101 f.
[71] Vgl. Kollmann (2009), Stichwort: Hidden Action, S. 193.

mehrere Lieferungen eines Produkts zustande kommt und die Qualität mit jeder weiteren Lieferung abnimmt. Durch die Leistungsverschlechterung entstehen Wohlfahrtsverluste.[72]

Die **Hidden Information** ist die nach dem Vertragsabschluss aufkommende Unsicherheit, wenn der Auftraggeber die Handlungen des Vertragspartners zwar beobachten, aber nicht kontrollieren kann. Probleme entstehen, wenn der Auftragnehmer die asymmetrische Informationsverteilung für eigennützige Zwecke ausnutzt. Zudem treten die Unsicherheiten der Hidden Information besonders bei Personen auf, die über ein besonders großes spezialisiertes Wissen verfügen.[73]

Die **Hidden Intention** beschreibt die Verhaltensunsicherheiten, die bei Informationsasymmetrien auftreten, wenn zwischen zwei Vertragspartnern ein Ungleichgewicht bezüglich der transaktionsrelevanten Absichten herrscht. Als Beispiel kann die Absicht eines Käufers angegeben werde, den Gegenwert für die erhaltene Leistung nicht zu bezahlen.[74] Das moralische Risiko (moral hazard) beschreibt die Unsicherheiten aus den „Hidden Information"- und „Hidden Action"-Konstellationen. Das moralische Verhalten kann jedoch auf alle Formen der asymmetrischen Informationsverteilung angewendet werden, da diese stets eine wichtige Rolle spielt.

Bei allen Informationsasymmetrien ist gleich, dass sie benutzt werden können, um Unsicherheiten zu schaffen oder so weit wie möglich zu beseitigen, damit das Unternehmensziel erreicht wird. Für beide Handlungsalternativen werden in Kapitel 6.4.1 Maßnahmen erarbeitet, um sie auf die unterschiedlichen Formen der digitalen Informationsgüter anzuwenden.

---

[72] Vgl. Linde/Stock (2011), S. 50 ff.
[73] Vgl. Göbel (2002), S. 102.
[74] Vgl. Kollmann (2009), Stichwort: Hidden Intention, S. 193.

4.4 Fixkostendegression

Die Fixkostendegression beschreibt bei Informationsgütern das ungleiche Verhältnis zwischen fixen und variablen Kosten. Die fixen Kosten sind bei der ersten produzierten Einheit um ein Vielfaches höher als bei den darauffolgenden, wohingegen die variablen Kosten sehr gering sind. Bei der Produktion einer Software sind die Aufwendungen für die Herstellung des Ausgangsprodukts sehr hoch. Ist die Software jedoch erst einmal entwickelt, sind ihre Bereitstellungs- und Übertragungskosten sehr gering.

Dieser Degressionseffekt führt bei digitalen Informationsgütern im günstigsten Fall zu einer Teilung der Herstellungskosten mit jeder zusätzlich produzierten Einheit. Wenn die Software bei der Herstellung 100.000 € gekostet hat und ihre Vervielfältigungs- und Transaktionskosten gegen null tendieren, wird sie mit der zweiten produzierten Einheit nur noch 50.000 € kosten.[75]

Durch die Fixkostendegression entsteht bei Unternehmensgründungen ein erheblicher Nachteil, da zunächst sehr viel investiert werden muss, um ein Produkt herzustellen. Die Unsicherheiten aufgrund des Informationsgutes und dessen Eigenschaften bezüglich des Ausschlussprinzips in Verbindung mit der Fixkostendegression machen Unternehmensgründungen in diesem Bereich sehr schwierig.

---

[75] Vgl. Linde/Stock (2011), S. 36 f.; vgl. Hopf (1983), S. 186 f.

5 Folgerungen und theoretischer Ansatz

5.1 Unterteilung des digitalen Informationsgutes

In den vorangegangenen Kapiteln haben sich die verschiedenen Einflussgrößen gezeigt, die sich beim Handel mit digitalen Informationsgütern ergeben und den Rahmen der Geschäftsmodellentwicklung bei Unternehmensgründungen beeinflussen. Im weiteren Verlauf dieser Arbeit wird ein theoretischer Ansatz für die Klassifikation digitaler Informationsgüter verwendet, um den Gebrauch von Geschäftsmodellen exakter an die Bedürfnisse jeder einzelnen Informationsgüterklasse anzupassen. Das digitale Informationsgut wird hinsichtlich seiner Abhängigkeiten von der IKT und den damit verbundenen Organisationsstrukturen definiert.

Die gängigen Unterteilungen der Informationsgüter nach der Wertschöpfungsstufe wie Investitions- oder Konsumgüter und nach deren Nutzung wie Ge- oder Verbrauchsgüter sind dabei nicht vorgesehen. Bei diesen Unterteilungen wird die Einordnung der Informationsgüter häufig subjektiv getroffen. Einem und demselben Informationsgut ist es möglich, gleich mehrere Positionen in der Definition einzunehmen, je nachdem, von wem und wie das Gut verwendet wird. Die Börsenkurse können z. B. ein Investitionsgut sein und auch als Konsumgut verwendet werden.[76]

Bei der Anwendung dieser Klassifikation treten demnach sehr viele Doppeldeutungen auf. Auch wenn dieses Modell durch Heitmann, Hermann und Stahl weiterentwickelt wurde, indem es der Nutzung weitere Unterscheidungsmerkmale wie z. B. das Ereignis- oder Erlebnisgut hinzufügt, werden die Unterschiede noch immer durch die Anwendung subjektiver Attribute bestimmt.[77]

Bei der Untersuchung der digitalen Informationsgüter in Kapitel 4 wurden sie als codierte Bitströme definiert. Für die Produktion, Übertragung und den Empfang solcher Daten ist die IKT notwendig.

---

[76] Vgl. Linde/Stock (2011), S. 26.
[77] Vgl. Heitmann/Herrmann/Stahl (2006), S. 10.

Die Informations- und Kommunikationstechnik ist die Gesamtheit der zur Speicherung, Verarbeitung und Kommunikation zur Verfügung stehenden Ressourcen sowie die Art und Weise, wie diese Ressourcen organisiert sind.[78]

Für die weitere Verwendung wird die Definition in zwei Arten der IKT geteilt: zum einen in die Technologien, die die Produktion, somit die Speicherung und Verarbeitung digitaler Informationsgüter erlauben, zum anderen in die IKT, die zusätzlich noch die Kommunikation und dadurch die Übertragung und den Empfang ermöglicht. Die Abhängigkeit von einem Trägermedium und einem Endgerät, das die Ausgabe ermöglicht, stellt die Mindestvoraussetzung und somit die erste Existenzgrundlage eines digitalen Informationsgutes dar.[79]

Die erste Variable wird somit auf der physikalisch-technologischen Ebene festgesetzt. Sie stellt eine Bezugsgröße dar, die unabänderlich an die digitale Information angeheftet ist. Dabei wird sie die Funktion einnehmen, in welchem Maß sich das digitale Informationsgut in der IKT bewegen lässt. Die erste Variable ist daher definiert als:

> *Die IKT vertritt die physikalisch-technologische Zugangsebene für digitale Informationsgüter.*

Auf der physikalisch-technologischen Ebene werden zwei Punkt mithilfe eines Datenkabels verbunden. Bei der Expansion der Verbindungspunkte, wie sie beim Internet geschehen ist, wird auf der direkt angrenzenden Ebene eine virtuelle Organisation benötigt. Diese Organisation gelang mit der Einführung der Internetprotokolle und der Adressierung der Endgeräte. Ebenso wie eine Organisation der physikalischen Verbindungen benötigt wird, ist auch jeder Inhalt im Internet von deren virtueller Organisation abhängig, da sie die Einbindung von Informationen in das Medium Internet ermöglicht. Bei der folgenden Unterteilung der Informationsgüterklassen gilt das Medium Internet als Knotenpunkt der Organisationsstrukturen und der physikalisch-technologischen Ebene.

---

[78] Vgl. Krcmar (2005), S. 27.
[79] Vgl. Linde (2008), S. 8.

Das Medium ist ein offenes System und beschreibt die Aufnahme von Informationen aus der Umwelt. In dem Medium vollzieht sich ein Verarbeitungsprozess, der diese Informationen in umgewandelter Form an die Umwelt zurückgibt. Aus diesem Prinzip entsteht bei offenen Systemen ein teleologisches Verhalten, das eine Abstimmung und Koordination von Prozessen nach sich zieht.[80] Dieser Ablauf wird im Folgenden als Organisationsstruktur beschrieben. Jedem Prozess im Medium ist diese Variable vorangestellt, damit Informationen eingebunden, produziert und übertragen werden können. Die zweite Variable ist daher definiert als:

> *Die Organisationsstruktur vertritt die virtuelle*
> *Zugangsebene für digitale Informationsgüter.*

Bei beiden Größen geht es um die Annahme, dass der Freiheitsgrad der Information innerhalb der Variablen variiert, sich jedoch niemals von ihnen befreien kann. Werden beide Bezugsgrößen nun ins Verhältnis zueinander gesetzt, ergibt sich daraus eine lineare Zunahme der Abhängigkeiten, je nach Form der digitalen Informationsgüter und technologischen Vertiefung.

---

[80] Vgl. Grochla (1970), S. 8 f.

27

Abbildung 6: Klassifizierung digitaler Informationsgüter

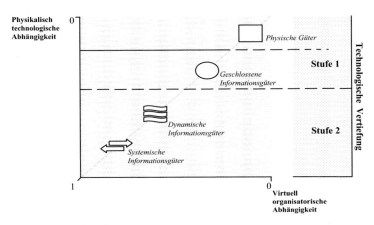

Legende:
Stufe 1: Produktion (Verarbeitung und Speicherung)
Stufe 2: Produktion & Kommunikation (Übertragung und Empfang)

Das **physische Gut** weist nach diesem Modell die geringste Abhängigkeit von den Variablen der physikalischen und virtuellen Ebene auf. Das physische Gut muss für die Einbindung in das Medium eine digitale Kopie von sich selbst erschaffen, um im Internet erfasst
werden zu können. Mit der Schaffung dieser digitalen Kopie des physikalischen Produkts,
das die Metadaten enthält, wird sie zwangsläufig Teil der virtuell-organisatorischen Ebene.
Diese Form der Interpretation deckt sich auch mit den Kenntnissen von Gottmann, der
jedem physischen Gut eine begleitende Existenz von Informationen zuschreibt,[81] oder etwa
der Ansicht von Castells, dass sich die Informationsgüter von den physikalischen Gütern in
ihrer Wirtschaftsform unterscheiden, aber nicht gegenseitig ausschließen.

Die IKT subsumiert industrielle Produkte (materiell) durch eine technologische Vertiefung,
indem sie Wissen und Informationen in die Prozesse der materiellen Produkte und Distribu-
tionen einbindet.[82] Der Unterschied zu den digitalen Informationsgütern liegt vielmehr
darin, dass sie nur ein Abbild des eigentlichen Produkts wiedergibt und ihre digitalen

---

[81] Vgl. Gottmann (1961), S. 576 ff.
[82] Vgl. Castells (2002), S. 107.

28

Informationen lediglich der Einbindung ins Medium dienen und somit als Attribute des Ausgangsprodukts zu verstehen sind.

Die **geschlossenen Informationsgüter** sind das digitale Äquivalent zum physischen Produkt. Ihre Eigenschaften definieren sich als eigenständiges Gut. Dabei kann es von den unmittelbaren physikalischen und virtuellen Abhängigkeiten des Mediums Internet geschaffen werden. Damit tritt die zuvor aufgestellte Unterteilung der IKT in Kraft, die eine Differenzierung der technologischen Abhängigkeit von der reinen Produktion hin zu der Übertragung und dem Empfang digitaler Informationsgüter vorsieht. Genauer betrachtet, wird damit der Prozess beschrieben, dass bei der Bildung des Produkts durchaus technologische und organisatorische Mittel zum Einsatz kommen; jedoch können diese Produkte auch ohne Kommunikation mit Dritten erschaffen werden und existieren.

Das geschlossene Informationsgut ist als ein von der physikalisch-technologischen und virtuell-organisatorischen Ebene abhängiges Produkt definiert; jedoch gelten diese Abhängigkeiten nicht dem Medium Internet. Für die Einbindung in das Medium gelten somit die gleichen Bedingungen wie für physikalische Produkte. Erstellt wird ein virtuelles Abbild des virtuellen Produkts, das die Attribute des Ausgangsprodukts wiedergibt.

Das **dynamische Informationsgut** ist das erste Produkt, das durch seine physikalischen und virtuellen Abhängigkeiten vom Knotenpunkt des Mediums erschaffen wird. Näher betrachtet, ist die virtuelle Organisationsstruktur Teil des Prozesses der Entstehung des Endprodukts, indem es Informationen im Medium unter bestimmten Bedingungen bündelt. An dieser Stelle findet der in Kapitel 3.3 beschriebene Elektronische-Wertschöpfungsprozess Anwendung. Es wurde festgestellt, dass dieser Wertschöpfungsprozess jedem Geschäftskonzept im Internet direkt oder indirekt zugrunde liegt.

Der Vorgang verbindet die Zusammenführung, Verarbeitung und Verteilung digitaler Informationen unter den Rahmenbedingungen der Organisationsstrukturen. Beim dynamischen Informationsgut wird der Elektronische-Wertschöpfungsprozess primär für die Produktion eines Endprodukts genutzt. In Anlehnung an das Qualitätsmanagementmodell von Pfitzinger entsteht durch die Abhängigkeiten der digitalen Informationsgüter der folgende dynamische Prozess der Entstehung des dynamischen Informationsgutes.[83]

Abbildung 7:   Erzeugung des dynamischen Informationsgutes[84]

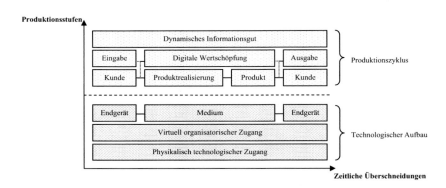

Als Resultat ergibt sich daraus ein Ablauf, wonach erst eine Anfrage oder Zielausrichtung durch einen Nutzer oder für eine Gruppe festgelegt werden muss, wodurch der Prozess der Entstehung des Endprodukts in Gang gesetzt wird. Der Entstehungsprozess bedient sich aller zugänglichen Informationen, die in die virtuellen Organisationsstrukturen eingebettet sind, und wendet den Elektronische-Wertschöpfungsprozess darauf an, wodurch ein auf den Nutzer oder die Gruppe zugeschnittenes Produkt entsteht.

Das dynamische Informationsgut ist daher, anders als das geschlossene Informationsgut, als ein direkt von der physikalisch-technologischen und virtuell-organisatorischen Ebene im Medium abhängiges Gut definiert. Seine Existenzgrundlage ist unmittelbar durch die Anbindung an den Knotenpunkt der Abhängigkeiten definiert. Unter diesen Bedingungen erreicht das Gut eine tiefere technologische Relevanz, da es nicht mehr nur die Produktion, sondern auch die Übertragung und den Empfang zur Bildung seiner selbst benötigt. Anders als beim geschlossenen Informationsgut kann das Produkt nicht extern von dem Medium

---

[83] Vgl. Pfitzinger (2001), S. 16.
[84] Quelle: in Anlehnung an Pfitzinger (2001), S. 16.

Internet geschaffen werden. Ist das Produkt jedoch erst einmal erschaffen, kann es extern vom Medium konsumiert werden, auch wenn dies nicht in jedem Fall sinnvoll wäre.

Die **systemischen Informationsgüter** weisen die größten und auffälligsten Abhängigkeiten auf. Ihr Nutzen lässt sich anhand der von Weiber aufgestellten Definition von Systemgütern erklären. Es findet ein Verbindungsaufbau zwecks Informationsaustauschs statt. Hierbei wird der Mehrwert nicht aus dem originären, sondern aus dem derivativen Nutzen des Produkts geschlossen, der unter Einsatz einer Systemtechnologie zum Tragen kommt.

Diese Systemtechnologie ist die physikalisch-technologische Abhängigkeit, ohne die ein Verbindungsaufbau nicht möglich wäre. Der wesentlichste Unterschied zu den anderen digitalen Informationsgütern ergibt sich aus der Tatsache, dass der Kauf bei Systemgütern nicht ausreicht, um einen Mehrwert zu generieren. Mindestens eine weitere Person muss das gleiche Produkt verwenden, um mit dieser Person eine Verbindung aufzubauen, woraus sich dann der Nutzen generiert.[85]

Das systemische Informationsgut hat nach diesem Modell die größte Abhängigkeit, da der Informationsaustausch zum einen von der Technologie und zum anderen von der Organisation des Verbindungsaufbaus abhängig ist. Anders als beim dynamischen Informationsgut, das ein Produkt erschafft, ist das systemische Informationsgut durch seinen Verbindungsaufbau definiert, unmittelbar vom Medium abhängig und auch nicht von diesem lösbar.

---

[85] Vgl. Weiber (1992), S. 18 f.

	Definition	Einordnung	Anwendung
Physisches Gut	Materielles Gut, das unabhängig vom Medium produziert wird	Schaffung eines digitalen Abbildes des physischen Produkts	Materielle Produkte
Geschlossenes Informationsgut	Immaterielles Gut, das unabhängig vom Medium verarbeitet und gespeichert werden kann	Schaffung eines digitalen Abbildes des digitalen Produkts	– Software – Filme – Musik
Dynamisches Informationsgut	Immaterielles Gut, das den Wertschöpfungsprozess zielgerichtet einsetzt	Abhängigkeit besteht, solange das Produkt geschaffen wird. Im Anschluss ist es vom Medium lösbar.	– Suchmaschinen – Preisvergleichs-dienste
Systemisches Informationsgut	Verbindungsaufbau über das Medium zwecks Informationsaustauschs	Nicht vom Medium trennbar, da es durch seinen Verbindungsaufbau definiert ist	– IP-Telefonie – Soziale Netz-werke – Online-Multiplayer-Spiele

5.2   Einbindung in bestehende Theorien

In diesem Kapitel wird eine Einbindung der zuvor erarbeiteten Informationsgüterklassen in bestehende Theorien vorgenommen. Es wird erkennbar, dass die Unterteilung diese Konzepte nicht relativiert, sondern vielmehr ergänzt. Sie dient der Vervollständigung des wissenschaftlichen Hintergrunds digitaler Informationen bezüglich der Geschäftsmodellentwicklung.

5.2.1   Übertragung der Diffusionstheorie von Weiber

Das **geschlossene Informationsgut** könnte auch als Singulärgut bezeichnet werden. Diese Interpretation lässt sich jedoch nur zum Teil vereinen, da Weiber die Besonderheiten von Informationsgütern, wie sie ab Kapitel 4 beschrieben wurden, nicht berücksichtigt. Man kann behaupten, dass es nur einen singulären Nutzen für den Konsumenten gibt, der sich aus der Beschaffenheit des Produkts oder dessen Verwendungszwecks ergibt. Ferner definiert Weiber das Singulärgut jedoch als ein Produkt, dessen Nutzungsgrad, den es für den Käufer entfaltet, weitgehend unabhängig von seinem Verbreitungsgrad ist, den ein solches Gut auf dem Markt erreicht.[86]

Wie in Kapitel 4.1 bereits diskutiert, ist der Verbreitungsgrad bei Informationen ein fundamentaler Zustand, der, je nach Zweck, wie in Abbildung 5 der Netzwerkeffekte und Ausschlussprinzipien bei Informationsgütern beschrieben, durchaus von Bedeutung ist. Für die Übertragung der Diffusionsforschung von Weiber auf die digitalen Informationsgüter wird das folgende Szenario angeführt.

Informationen über bestimmte Subjekte oder Objekte können wertvoller sein, wenn sie nur einer Person zugänglich sind. Der Nutzen der Information würde sich dann aus der Beschaffenheit des Produkts selbst ergeben, was es als Singulärgut definiert. Selbst wenn mehrere Personen die Information ohne Wertverlust nutzen könnten, ist das Singulärgut, solange keiner von dem jeweils anderen weiß, jederzeit von negativen Netzeffekten bedroht. Die Netzeffekte lassen sich jedoch durch die Unwissenheit des Verbreitungsgrades und der beteiligten Personen nicht kontrollieren.

Solange sich dieses Szenario hält und kein Netzeffekt auftritt, ist die Information sehr wohl als Singulärgut zu bezeichnen. Geht man nun davon aus, dass die Nutzer ungewollt Kenntnis von dem Verbreitungsgrad der Information erhalten und dieser einen schlagartigen Wertverlust erleidet, tritt der negative Netzeffekt in Kraft.

Dieser Netzeffekt dürfte bei Singulärgütern jedoch nicht auftreten, da die Definition von Weiber dies weitgehend ausschließt. Argumentationen hinsichtlich eines Informationsgutes ohne positive oder negative Netzeffekte sind durch die Annahme des in Abbildung 5 beschriebenen Konzepts ausgeschlossen. Als Fazit kann festgehalten werden, dass bei Informationen ein zeitweiliger Zustand des Singulärgutes auftritt, dieser Status aber durch das

---

[86] Vgl. Weiber (1992), S. 15.

Eintreten der Netzeffekte nicht zu halten ist. Eine zwangsläufige Wandlung vom Singulär-gut zum Netzeffektgut vollzieht sich dann anhand des Auftretens der Netzeffekte.

Aus Sicht des **dynamischen und systemischen Informationsgutes** stimmt die Definition von Weiber auch nur bedingt, da der wesentlichste Unterschied, den er bei der Unterteilung seiner Güterklassen vornimmt, von der Anwendung direkter und indirekter Netzeffekte abhängt. Die Unterteilung durch die Anwendbarkeit von Netzeffekten findet ihre Verwendung in der Ausarbeitung von Geschäftsmodellstrategien, jedoch nicht in der Definition der Informationsgüterklassen. Man kann jedoch festhalten, dass beide Konzepte sehr stark zusammenarbeiten und Themengebiete aufgreifen, die nahe beieinander liegen.

5.2.2   Die Modelle von Heitmann/Herrmann/Stahl und Wirtz

An diesem Punkt wird das Konzept von **Heitmann/Herrmann und Stahl** eingebunden. Sie unterteilen die Informationsgüter in Kategorien nach der Art ihrer Verwendung. Somit setzt die in dieser Arbeit vorgestellte Theorie am Beginn des Lebenszyklus der digitalen Information und das Konzept von Heitmann/Herrmann und Stahl an dessen Ende an. Da beide Theorien von unterschiedlichen Ausgangspositionen ausgehen, schließen sie sich gegenseitig nicht aus.

Man sollte jedoch darauf achten, dass beide Theorien immer zusammen betrachtet werden, um alle Dimensionen der Informationsgüterklassen abzudecken. Eine alleinige Betrachtung durch Heitmann/Hermann und Stahl kann ein Außer-Acht-Lassen, eine Verwechslung oder eine falsche Auslegung des Informationsgutes fördern, gerade weil die Zuordnung häufig subjektiv geschieht und der Jungunternehmer dies noch nicht zu verhindern weiß.

Besondere Parallelen gelten dem 4C-Net-Modell von **Wirtz**. Die Entstehungsvariablen decken sich nahezu vollkommen mit seinem Leistungsangebotsmodell. Die geschlossenen, dynamischen und systemischen Informationsgüter formieren sich zu den Geschäftskonzepten des Contents, Contexts und der Connection.

Das geschlossene Informationsgut stellt nach seiner Produktion immer einen Inhalt dar, der unabhängig vom Medium produziert wird. Mit dem Content-Modell werden diese Inhalte für die Konsumenten bereitgestellt. Die dynamischen Informationsgüter haben den Elektronischen-Wertschöpfungsprozess zur Grundlage und erreichen im Context-Modell eine Komplexitätsreduktion und eine Navigationshilfe. Das systemische Informationsgut zeichnet sich durch seine unmittelbare Abhängigkeit vom Medium aus, da es sich durch seinen Verbindungsaufbau definiert. Das Connection-Modell nutzt diesen Verbindungsaufbau für die Erlösgenerierung.

Abbildung 9: Verbindungen des 4C-Net-Modells mit den digitalen Informationsgütern

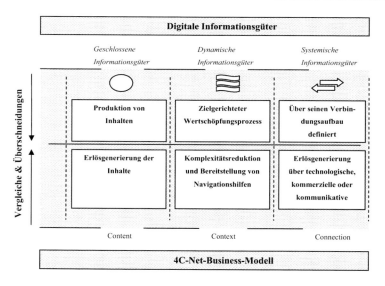

Die Überschneidungen der digitalen Informationsgüterklassen mit den elektronischen Geschäftskonzepten von Wirtz zeigen die hohe Konvergenz der Themengebiete und die dadurch zu beachtenden Handlungsmaßnahmen für Geschäftsmodelle.

6 Geschäftsmodelle für die Unternehmensgründung

Ein Unternehmen durchläuft in der Gründung verschiedene Phasen, die mit einer Geschäftsidee beginnen. Diese wird in der Entstehungsphase des TEA-Modells mithilfe eines Geschäftsmodells umgesetzt. Für dessen Beschreibung sind in der Literatur unterschiedliche Definitionen vorhanden, die verschiedene Schwerpunkte setzen. Allgemein versucht die Modellierung zu beschreiben, wie reale Sachverhalte in einem Unternehmen nach festen Abbildungsregeln reproduziert oder abgebildet werden können.[87] Letztlich sollten die Fragen beantwortet werden, zu welchem Zweck bei der Unternehmensgründung ein Geschäftsmodell aufgestellt wird und welche Aspekte dieses abbilden soll.[88]

6.1 Vorstellung der Geschäftsmodellkonzepte

Geschäftsmodelle erfassen und abstrahieren das relevante Wissen über die Funktionsweise der Geschäftsprozesse, deren Strukturen, Informations- und Materialflüsse sowie deren Produkte und Außenbeziehungen.[89] Porter definiert sein Geschäftsmodell nach inneren und äußeren Einflüssen, die wie folgt beschrieben werden:

Mit dem Begriff Geschäftsmodell (Business Model) wird hier die Abbildung des Leistungssystems einer Unternehmung bezeichnet. Durch ein Geschäftsmodell wird in stark vereinfachter und aggregierter Form abgebildet, welche Ressourcen in die Unternehmung fließen und wie die Ressourcen durch den innerbetrieblichen Leistungserstellungsprozess in vermarktungsfähige Informationen, Produkte und/oder Dienstleistungen transformiert werden.[90]

Diese Beschreibung eines Geschäftsmodells umfasst alle Kombinationen von Produktionsfaktoren, die in den Geschäftsstrategien eines Unternehmens umgesetzt werden sollen, und welche Funktionen den involvierten Akteuren dabei zukommen.[91] In der Definition wird nicht nur auf die interne Wertschöpfung, sondern auch auf die externe Umweltgestaltung eingegangen. Eine daran ansetzende Beschreibung liefert das Geschäftsmodell von Müller-

---

[87] Vgl. Schoegel (2001), S. 7.
[88] Vgl. ebd. (2001), S. 13.
[89] Vgl. Bailer (1997), S. 24.
[90] Vgl. Wirtz (2006), S. 67.
[91] Vgl. ebd., S. 67.

Stewens und Fontin. Sie unterscheiden die Prozessmodellierung im Unternehmen nach zwei Arten:

1. *Im Konfigurationsmodell wird auf Basis der Positionierung die Wertschöpfung definiert, die man anbieten kann beziehungsweise anbieten will.*

2. *Im Kapitalisierungsmodell wird festgelegt, wie aus der Wertschöpfung Gewinn erzielt wird.*[92]

Diese Unterteilung beschreibt den Zustand, dass aus einer Wertschöpfung nicht unbedingt immer ein Gewinn erzielt wird. Ein tragfähiges Geschäftsmodell ist erst dann gegeben, wenn es angemessen kapitalisiert werden kann. Die Wertschöpfung im Sinne digitaler Informationen wurde bereits in Kapitel 3.3 beschrieben und wird durch das Leistungserstellungsmodell festgelegt. Das darauf aufbauende Leistungsangebotsmodell beschreibt, in welchem Maß die Bedürfnisse welcher Kunden befriedigt werden sollen.[93] Dazu wurden die Akteure im elektronischen Handel, die horizontalen und vertikalen Marktplätze sowie die elektronischen Geschäftskonzepte vorgestellt.

Durch die Besonderheiten digitaler Informationsgüter bezüglich der unvollständigen Information und der Netzwerkeffekte wird nun die Kapitalisierung mit dem Vermarktungs- und Erlösmodell näher betrachtet. Das Vermarktungsmodell bemüht sich um die Erschließung von Kundenpotenzialen durch strategische Maßnahmen, wohingegen das Erlösmodell eine Ertragsmechanik festlegt. Allen Teilmodellen ist gemein, dass sie in ständiger Wechselwirkung zueinander stehen und nicht getrennt zu betrachten sind.[94]

Diese zwei Geschäftsmodelldefinitionen sind in ihrer Ausarbeitung auf alle Felder der Wirtschaft anwendbar. Der nächste Punkt braucht eine Spezialisierung auf die Bereiche der informationsbasierten Geschäftsmodelle. In vollem Umfang lassen sich drei Arten unterscheiden:

---

[92] Vgl. Müller-Stewens/Fontin (2003), S. 18.
[93] Vgl. ebd., S. 18.
[94] Vgl. ebd., S. 18.

- Das Unternehmen kann den Zugang zu Informationen verkaufen.
  - ⇨ Verkauf per einzelnen Abruf oder über einen Zeitraum
- Die Informationen können kostenlos bereitgestellt werden.
  - ⇨ Erlöse werden durch den Verkauf von Werbung generiert.
- Ein Unternehmen kann als Mittler von Informationen dienen.
  - ⇨ Erlöse werden über fixe und/oder transaktionsabhängige Gebühren erzielt.[95]

Zusammenfassend ist ein Geschäftsmodell die Projektion der Verfahren aller im Unternehmen zur Wertschöpfung beitragenden Prozesse und Partner.[96] Es dient der leichteren Erfassung der im Unternehmen relevanten Aspekte und sorgt für eine Differenzierung der Teilmodelle nach der Art der Anwendung und Umsetzung.

6.2 Erlösmodell

Bei Unternehmensgründungen mit digitalen Informationsgütern als Ausgangspunkt ist die Entwicklung des Erlösmodells von großer Bedeutung, da sie wiedergibt, auf welchem Weg das zur Finanzierung der Unternehmenstätigkeit eingesetzte Kapital zu erwirtschaften ist.[97] Wenn alle anderen Modelle gleich welcher Definition von ihrer Erlösgenerierung geprägt sind, zeigt das Erlösmodell, wie Umsätze erwirtschaftet werden.[98] Diese sollen eventuelle Kapitalgeber von der wirtschaftlichen Tragfähigkeit des Vorhabens überzeugen. Je mehr sich die Erlösmodellgestaltung an der Wirklichkeit orientiert, umso höher ist die Wahrscheinlichkeit, Investoren für eine Unternehmung zu gewinnen.[99]

Unter Berücksichtigung dessen umfasst das Erlösmodell die genaue Bestimmung der Erlösbasis, die Bezifferung realitätsnaher Transaktionserlöse, die Ausgestaltung der Erlöshebel und die Festlegung von Preis- und Zahlungskonditionen bzw. Provisionen.[100] Die Erlöse in einem Unternehmen werden nach dem Modell von Wirtz in transaktionsabhängige und transaktionsunabhängige Erlösformen unterschieden. Bei den transaktionsabhängi-

---

[95] Vgl. Kollmann (2009), Stichwort: Geschäftsmodell, S. 156 f.
[96] Vgl. Buttermann (2004), S. 108.
[97] Vgl. Wirtz (2000), S. 85.
[98] Vgl. Müller-Stewens/Fontin (2003), S. 18.
[99] Vgl. Schwickert (2004), S. 11.
[100] Vgl. Müller-Stewens/Fontin (2003), S. 18.

gen Erlösformen werden direkte oder indirekte Gewinne über den Austausch einer Leistung erzielt. Die transaktionsunabhängigen Erlöse sind nicht an den Umfang der Leistung geknüpft und werden in direkter Form von Entrichtungs- oder Grundgebühren erzielt oder in indirekter Form durch Werbung eingenommen.[101]

Abbildung 10: Erlösmodellsystematik im E-Commerce[102]

	Direkte Erlösgenerierung	Indirekte Erlösgenerierung
Transaktionsabhängig	–Transaktionserlöse i. e. S. – Verbindungsgebühren -Nutzungsgebühren	– Provisionen
Transaktionsunabhängig	– Einrichtungsgebühren – Grundgebühren	– Bannerwerbung – Data-Mining-Erlöse – Sponsoring

Erlöse im E-Commerce werden nicht mehr nur direkt durch das Leistungsangebot selbst erzielt, sondern auch durch eine Vermischung mehrerer Erlösquellen.[103] Jede Unternehmensgründung muss sich fragen, welche Erlösmodelle kombiniert werden können, um optimale Gewinne zu erzielen. Jedoch erfordern digitale Informationsgüter im Vergleich zu materiellen Produkten eine gesonderte Behandlung, da sie Besonderheiten aufweisen. Die Rahmenbedingungen liefern abermals die unvollständige Information sowie deren Kostenstruktur und Netzwerkeffekte.[104] Ein weiteres Merkmal ist die geringe Zahlungsbereitschaft der Konsumenten bezüglich digitaler Informationsgüter, denen von den Konsumenten nur ein geringer Wert beigemessen wird, was gegenüber der Festpreisfestlegung mit alternativen Zahlungsmethoden geändert werden kann.[105]

---

[101] Vgl. Brüggemann/Breitner (2003), S. 7.
[102] Quelle: Wirtz (2000), S. 34.
[103] Vgl. Wirtz (2000), S. 86.
[104] Vgl. Linde/Stock (2011), S. 373.
[105] Vgl. Wirtz (2000), S. 181.

6.3 Preisdifferenzierung

Preisstrategien versuchen, die langfristigen Unternehmensziele zu erreichen, indem die Erfolgspotenziale der Preispolitik gesichert und nach den ausgerichteten Zielen eingesetzt werden. Die Vielfalt dieser Preismechanismen erfordert eine Koordination und synergetische Abstimmung der eingesetzten Instrumente.[106] Für digitale Informationsgüter haben sich Preisdifferenzierungen als erfolgreich herausgestellt, weil sie die Werte der unvollständigen Information mit einbeziehen.[107]

Unsicherheiten bezüglich der asymmetrischen Informationsverteilung werden von der Preisdifferenzierung teilweise umgangen, da sie den Konsumenten eine Inspektion des Gutes erlaubt oder Wege einräumt, teilweise selbst zu entscheiden, wie viel ihnen dieses Gut wert ist.[108] Die Preisdifferenzierung bedeutet den Absatz sachlich gleicher Produkte an unterschiedliche Kundengruppen zu veränderten Preisen. Sie gewährt den Unternehmern die Chance, Gewinnpotenziale nahezu vollkommen abzuschöpfen.[109]

Pigou (1929) unterscheidet drei unterschiedliche Formen der Preisdifferenzierung: Die Differenzierung ersten Grades wird erreicht, wenn ein Anbieter den höchstmöglichen Preis für ein digitales Gut erhält, den ein Konsument zu zahlen bereit ist. Der zweite Grad steuert nicht mehr die Möglichkeit an, den maximalen Betrag für ein Gut vom Konsumenten zu erlangen, sondern den Markt in Segmente aufzuteilen, die nach abnehmender Zahlungsbereitschaft gegliedert werden können. Die Preisdifferenzierung dritten Grades entspricht der des zweiten Grades, nur mit einer weiteren Selektion durch ein oder mehrere beobachtbare und ansprechende Kriterien wie z. B. nach Personengruppen (Studenten, Senioren etc.).[110]

Im Folgenden werden Preisdifferenzierungsstrategien für digitale Informationsgüter vorgestellt, die eine Selbstselektion voraussetzen. Ein deutlicher Vorteil dieser Verfahren ist die Selbstauswahl des Kunden. Der Anbieter muss den Markt nicht mehr selbst in Bereiche

---

[106] Vgl. Diller (2008), S. 210 f.
[107] Vgl. Skiera (2002), S. 13.
[108] Vgl. Linde/Stock (2011), S. 376.
[109] Vgl. Simon/Clausen/Tacke/Piekenbrock (2012); vgl. Wirtz (2000), S. 183.
[110] Vgl. Pigou (1929); vgl. Tacke (1989), S. 12 ff.

aufteilen, weil sich der Kunde für ein Segment entscheidet.[111] Preisdifferenzierungen, die durch einen Anbieter gesetzt werden, müssen wohlüberlegt sein, da sie bestimmte Teilnehmer auf dem Markt diskriminieren können.

Daher müssen die Einteilungen rechtlich stimmig und die Kundengruppen gut voneinander getrennt werden, um keine negativen Effekte auf die Konsumenten zu erzielen.[112] Die zeitliche Preisdifferenzierung entspricht nicht der Selbstselektion, wird aber wegen ihrer Nähe zum Thema der unvollständigen Information miteinbezogen. In den weiteren Kapiteln der Erlösgenerierung werden die Preisdifferenzierungen in Abbildung 11 vorgestellt.

Abbildung 11: Formen der Preisdifferenzierung[113]

Preisdifferenzierung (PD)				
PD ersten Grades	PD zweiten Grades			PD dritten Grades
Dynamische PD	Leistungs-bezogene PD	Mengenbezogene PD	Preis-bündelung	Zeitliche PD
Auktionen	Versioning	Nichtlineare Preisbildung	Zweiteilige- und Blocktarife	Follow the Free

Für Informationsanbieter ist es wegen deren fixkostenlastiger Kostenstruktur naheliegend, Preise anzusteuern, die hohe Absatzmengen und damit die gewünschte Stückkostendegression herbeiführen. Will der Anbieter außerdem die mit Informationsgütern verbundenen Netzwerkeffekte wirksam werden lassen, empfiehlt es sich, bei der Preisgestaltung auf die schnelle Verbreitung zu achten.[114] Da die Preisdifferenzierung diese Argumentation bei digitalen Informationsgütern unterstützt, gilt sie als besonders erfolgreich.

---

[111] Vgl. Shapiro/Varian (1999), S. 78.
[112] Vgl. Diller (2008), S. 227, 505.
[113] Quelle: in Anlehnung an Diller (2008), S. 229.
[114] Vgl. Linde/Stock (2011), S. 376.

6.3.1 Auktionen

Auktionen sind im E-Business weit verbreitet, da sie auf zeitabhängige Veränderungen im Umfeld des Kaufprozesses eingehen. Das Ziel ist eine Offenlegung der Zahlungsbereitschaft von Leistungsnachfragern. Sie führen zu einer Akquisition von Neukunden, die eine Ausweitung der Distributionskanäle nach sich zieht. Auktionen ermöglichen außerdem eine Zuordnung schwer zu vermarktender Waren und ermitteln selbstständig Preise für kaum oder seltene gehandelte Produkte. Der letzte Vorteil ergibt sich aus einer Koordinationsfunktion. Bei ihnen werden markträumende Preise bestimmt, sodass alle Produkte eines Bestands in Abhängigkeit von Angebot und Nachfrage verkauft werden können.[115]

Die Erlöse werden z. B. bei Anbietern von C2C-Onlineauktionen zunehmend durch Gebühren für eine umfangreichere Produktpräsentation oder durch eine Verkaufsprovision generiert.[116] Die Anwendung auf digitale Informationsgüter ist verschwindend gering. Die verschiedenen Auktionshäuser wie z. B. eBay, Hood oder Zollauktion[117] sind hauptsächlich mit physischen Produkten auf dem Markt aufgestellt. Von einer Anwendung dieses Erlösmodells auf digitale Informationsgüter bei der Unternehmensgründung ist wegen der geringen Akzeptanz abzuraten.

6.3.2 Versioning

Die leistungsbezogene Preisdifferenzierung stellt ihre Unterschiede in eine marketingpolitische Bedeutung, wie z. B. nach ABC-Kunden und/oder der Absatzfunktion wie z. B. dem Groß- oder Einzelhandel.[118] Sie wird immer dann angewendet, wenn sich Märkte nach Kundensegmenten einteilen lassen, um Produkte in verschiedenen Versionen und zu unterschiedlichen Preisen anzubieten.[119] Ein Ziel dieser Erlösform ist, dass die Leistungserwartungen der Kunden in Relation zu deren Zahlungsbereitschaft stehen. Der Kunde kann über

---

[115] Vgl. Wirtz (2010), S. 411 ff.; vgl. Meisner (2004), S. 66.
[116] Vgl. Skiera/Spann (2002), S. 1.
[117] www.ebay.de.; www.hood.de.; www.zoll-auktion.de.
[118] Vgl. Simon/Clausen/Tacke/Piekenbrock (2012).
[119] Vgl. Wirtz (2000), S. 187.

den Umfang des Produkts entscheiden und bezahlt dementsprechend auch nur das, was er erhält. Eine sehr populäre Art dieser Preisbildung ist das Versioning.[120]

Versioning bedeutet die Aufspaltung eines Produkts für unterschiedliche Marktsegmente. Ein Unternehmen bietet von einem Produkt mehrere Versionen an, die sich an den Kundenbedürfnissen orientieren.[121] Für das Themengebiet der digitalen Informationsgüter ist diese Strategie von großer Bedeutung, da sich ein digitales Produkt mit verschiedenen Leistungsunterschieden in den variablen Kosten nicht wesentlich unterscheidet.[122] Im Groben lassen sich Aktualität, Qualität und Leistungsumfang unterscheiden.[123]

Beim Versioning gilt der Grundsatz, drei unterschiedliche Versionen eines digitalen Informationsgutes anzubieten. Dabei wird das Produkt in eine Unter- und eine Mittelklasse sowie in eine Profiversion geteilt. Diese Strategie wird aufgrund der Aversion gegen Extreme angewendet. Konsumenten sehen in der Auswahl eines Produkts mit zu geringer oder zu hoher Qualität ein Risiko, da sie ein Produkt bevorzugen, das genau auf sie zutrifft. Aus diesem Grund ordnen sich die meisten Konsumenten der Mitte zu. Die Folge dessen sollte sein, dass der Anbieter mit der mittleren Version am meisten verdient.[124]

Beim Versioning kann eine kostenlose Basisversion zur Verfügung gestellt werden, um einen Marktstandard zu etablieren (Follow the Free). Sie dient auch zur Vertrauensgewinnung bei Neukunden, die dadurch eventuell sogar eine Pro-Version des Produkts kaufen. Die Unternehmensfrage stellt sich in der Ausarbeitung dessen, was die Basis- und die Zusatzleistungen des Produkts sind, um einen optimalen Gewinn zu erzielen. Interessierte Kunden können mit der kostenlosen Basisleistung Erfahrungen sammeln und dadurch Informationsasymmetrien aufbrechen. Dabei gilt: je geringer die Investitionsentscheidung, desto besser.[125]

---

[120] Vgl. Wirtz (2000), S. 188; vgl. Shapiro/Varian (1999), S. 88.
[121] Vgl. Shapiro/Varian (1999), S. 78.
[122] Vgl. Wirtz (2000), S. 189; vgl. Shapiro/Varian (1999), S. 39 ff.
[123] Vgl. Shapiro/Varian (1999), S. 80 ff.
[124] Vgl. Shapiro/Varian (1999), S. 97 ff.
[125] Vgl. Wirtz (2000), S. 190 f.

Diese Methode der Erlösgenerierung findet bei systemischen und geschlossenen Informationsgütern breite Anwendung. Für geschlossene Informationsgüter wie Softwareprodukte ist das Versioning eine der praktikabelsten Methoden, da sie eine Standardisierung der Software fördert und asymmetrische Informationsverteilungen schwächt.[126] Anwendung findet diese Methode aber nicht nur in der Softwareindustrie, sondern auch bei Musik- oder Filmprodukten. Davon werden meist kurze Sequenzen freigegeben, damit die Konsumenten die Leistung inspizieren können.

6.3.3 Nichtlineare Preisbildung

Die mengenbezogene Preisdifferenzierung wird nach der Größe des Bestellvolumens unterteilt und gewährt Rabatte auf ausgewählte Mengen.[127] Bei dieser Preisdifferenzierung ist häufig kein proportionaler Zusammenhang zwischen Leistung und Preis festzustellen.[128] Dieser Umstand macht eine Subsumierung der mengenbezogenen Preisdifferenzierung durch die nichtlineare Preisbildung möglich, da sie für ihre Preisdifferenzierung die gleichen Regeln ansetzt.[129]

Bei der nichtlinearen Preisbildung werden Tarife zu einem Angebot gebildet. Diese werden in zweiteilige und in Blocktarife unterschieden. Der zweiteilige Tarif setzt sich aus einem festen Preis pro Einheit und einer pro Periode zu entrichtenden Grundgebühr zusammen. Bei dieser Preisbildung wird die Konsumentenrente in Form der Grundgebühr abgeschöpft und dadurch die Gewinnmarge erhöht.[130] Der Blocktarif bildet eine Kombination aus einem uniformen Preis und einem zweiteiligen Tarif.[131] Dabei gilt der uniforme Preis bis zu einer festgelegten Obermenge. Wird diese Grenze überschritten, tritt der zweiteilige Tarif in Kraft. Hierbei werden im Gegensatz zum zweiteiligen Tarif je nach Größe der Nachfragemenge unterschiedliche Stückpreise erhoben.

---

[126] Vgl. Bhargava/Choudhary (2008), S. 1030 ff.
[127] Vgl. Wirtz (2000), S. 185 f.
[128] Vgl. Wirtz (2010), S. 400; vgl. Tacke (1989), S. 25; vgl. Wirtz (2000), S. 191.
[129] Vgl. Böcker (1982), S. 21.
[130] Vgl. Spreemann/Klinkhammer (1985), S. 790 f.
[131] Vgl. Gabor (1955), S. 32 ff.; vgl. Watts (1955), S. 42 ff.

Das Resultat ist, bei kleinen Bedarfsmengen von den Kunden einen hohen uniformen Preis zu erheben und bei Kunden mit hohen Bedarfsmengen die Konsumentenrente durch das Erheben einer Grundgebühr abzuschöpfen. Dabei sind auch Konstellationen mit mehreren Blöcken durch das Erweitern mehrerer zweiteiliger Tarife möglich.[132] Grundsätzlich sind die Grundgebühren umso höher, je niedriger die Nutzungsgebühr ist. Der beste Tarif für den Kunden ergibt sich dann direkt aus der genutzten Menge.[133]

Erstmals in Verbindung mit dem Medium hat die nichtlineare Preisbildung besonders beim Internetzugang eine hohe Akzeptanz erfahren. Stets werden mehrere Tarife angeboten, von denen meist zwei Extremtarife sind. Diese verzichten entweder vollständig auf die Grund- oder Nutzungsgebühr.[134] Verwendung findet diese Methode der Preisdifferenzierung bei der IP-Telefonie-Software Skype[135], die verschiedene Tarife für Funktionen wie Video, Datei und Messaging erhebt, oder bei Datenbankanbietern, die unterschiedliche Gebühren für Zugriffsraten fordern. Die Modelle der nichtlinearen Preisbildung und des Versioning können kombiniert werden, um z. B. bei Produkterweiterungen Extremtarife anzubieten. Solche Modelle sind häufig bei systemischen Informationsgütern anzutreffen, wie dem E-Mail-Dienst-Anbieter GMX oder webbasierten sozialen Netzwerken wie XING.[136]

6.3.4   Preisbündelung

Das Bündeln bedeutet das Anbieten von mindestens zwei Produkten zu einem Preis. Der Zweck ergibt sich aus der Senkung des Preises, wenn die Produkte gebündelt verkauft werden. Für den Verkäufer von Informationen bedeutet das Bündeln eine geringere Streuung der Zahlungsbereitschaft und erhöht damit die Einnahmen.[137] Mit der geringeren Streuung bzw. der höheren Bereitschaft ist das Verhalten des Kunden gemeint, lieber für das Bündel zu zahlen als für die einzelnen Komponenten. Der Stückpreis liegt häufig höher als der für das Bündel und kann dazu verwendet werden, ein weiteres Produkt zu einem geringeren Preis zu erwerben. Diese Preisbildung kann benutzt werden, um den Konsumen-

---

[132] Vgl. Tacke (1989), S. 29.
[133] Vgl. Wirtz (2010), S. 405.
[134] Vgl. ebd., S. 405.
[135] www.skype.de.
[136] www.gmx.de.; www.xing.de.
[137] Vgl. Shapiro/Varian (1999), S. 107.

ten neue Produkte vorzustellen, was als Mechanismus zum Auflockern asymmetrischer Informationsverteilungen genutzt werden kann.[138]

Diese Preisbildung wird in drei Kategorien unterschieden: Wenn Produkte nur als Bündel verkauft werden und die einzelnen Komponenten nicht getrennt zu erwerben sind, spricht man von einer **reinen Bündelung**. Diese Variante ist bei digitalen Informationsgütern besonders weit verbreitet.[139] Sie ermöglicht eine Übertragung der Konsumentenrente, was ein Hauptmerkmal dieser Preisdifferenzierung darstellt. Dies geschieht, wenn viele Leistungsmerkmale nicht einzeln zu erwerben sind und dadurch ein ganzes Produktbündel gekauft werden muss, auch wenn die zusätzlich erworbenen Informationen keinen direkten Nutzen aufweisen.[140] Ein solcher Fall tritt z. B. ein, wenn eine Dokumentenreihe gekauft wird, aber nur die Hälfte dieser Dokumente einen tatsächlichen Wert darstellt.

Die **gemischte Bündelung** sieht sowohl einen Verkauf der Produkte im Bündel als auch einen der Einzelkomponenten vor. Auch diese Variante hat sich bei digitalen Informationsgütern als effektiv erwiesen. Ein Nachteil dieser Preisbildung ist, dass die Bündel und die einzelnen Komponenten in Konkurrenz zueinander stehen und eventuell Kannibalisierungseffekte auftreten können.[141] Diese Preisdifferenzierung zeigt sich z. B. bei Softwareanbietern, die komplementäre Güter im Bündel kostengünstiger anbieten.

Die **Entbündelung** ist der Verkauf von Produkten in nichtgebündelter Form. Unter dieser Preisbildung versteht man auch die kundenindividuelle Bündelung. Bei ihr kann sich ein Kunde aus einem vorgegebenen Produktangebot ein Bündel selbst zusammenstellen.[142] Die Entbündelung kann beim Zusammenstellen eines eigenen Musikalbums geschehen, das zu einem vorher festgelegten Preis angeboten wird.

---

[138] Vgl. ebd. (1999), S 105 f.
[139] Vgl. Wirtz/Lütje (2006), S. 386 f.
[140] Vgl. Wirtz (2010), S. 407.
[141] Vgl. ebd., S. 411.
[142] Vgl. Wirtz (2010), S. 407; vgl. Shapiro/Varian (1999), S. 108 f.

6.3.5 Zeitliche Preisdifferenzierung

Die zeitliche Preisdifferenzierung wird von Unternehmen genutzt, um gleichartige Waren zu unterschiedlichen Zeiten zu verschiedenen Preisen zu verkaufen.[143] Die zeitliche Preisdifferenzierung ist bei digitalen Informationen ein Gegenstand, um aus aktuellen Informationen einen möglichst hohen Gewinn zu erzielen. Aus Unternehmersicht ist zu entscheiden, wie lange die Information als aktuell gilt, damit sie eine Zahlungsbereitschaft auslöst. Innerhalb dieser Zeitspanne kann der Kunde das Gut aktiv nutzen, um eine Aktion durchzuführen.

Nach dieser Angebotsphase kann die Leistung kostenlos zur Verfügung gestellt werden. Der Vorteil ist eine einfache Implementierung ins Unternehmen aufgrund einfacher technischer Realisierbarkeit. Außerdem haben die Kunden bei solchen zeitlich wertvollen Informationen keine Möglichkeit, die Preisdifferenzierung zu umgehen, da sie nicht lagerfähig sind.[144] Einsatz findet diese Methode bei Onlinebanken, die sich die Aktualität der Informationen zunutze machen, damit die Leistungsnachfrager für den Zugriff z. B. auf eine Tradematrix mit kontinuierlich aktualisierten Kursinformationen bezahlen.[145]

6.3.6 Zusammenfassende Beurteilung

Es konnte eine positive Korrelation mit der Anwendung der Preisdifferenzierung auf digitale Informationsgüter festgestellt werden. Dabei lassen sich die Hauptanwendungen einiger Verfahren entweder den physischen oder den digitalen Informationsgütern zuordnen. Die dynamische Preisbildung ist bislang in den materiellen Segmenten vorherrschend, wobei sich die Verfahren der leistungsbezogenen, zeitlichen und nichtlinearen Preisbildung besonders für digitale Informationsgüter qualifiziert haben. Das Bündeln ist in der Mitte dieser Untersuchung platziert, da sie sowohl für materielle als auch für immaterielle Produkte geeignet ist.

---

[143] Vgl. Wirtz (2000), S. 182.
[144] Vgl. ebd., S. 184.
[145] Vgl. Skiera (2002), S. 7.

Die **geschlossenen Informationsgüter** tendieren zu den leistungsbezogenen Preisdifferenzierungen mit dem Versioning als Hauptansatzpunkt. Auch wenn dieses häufig mit anderen Ertragsmechaniken kombiniert wird, stellt es die Grundlage des Vertriebs dieser Güterklasse dar. Bei Software werden Basisversionen angeboten, um die Funktionalitäten zu testen, damit die Konsumenten eine bessere Anpassung an die eigenen Bedürfnisse erlangen.[146] Die wachsende Verbreitung von Open-Source-Software und Follow-the-Free-Strategien zwingt die proprietären Produktgeschäfte auch zu einer zusätzlichen mengenbezogenen Preisdifferenzierung.[147] Dadurch entsteht ein Mix aus Preisdifferenzierungsmechanismen, die individuell erarbeitet werden müssen.

Eine weitere Tendenz zu den leistungsbezogenen Preisdifferenzierungen liefern die Musik- und die Buchindustrie. Bei Musikangeboten werden einzelne Sequenzen (wie z. B. bei Mediamarkt und Musicload)[148] freigegeben, um sie mit dem eigenen Geschmack zu vergleichen. Von Dokumenten wie Büchern oder wissenschaftlichen Texten werden Abstracts, Inhaltsverzeichnisse oder sogar ganze Kapitel offengelegt, um den Inhalt prüfen zu können (wie z. B. beim Springer- oder GRIN-Verlag[149]). Daher wird immer ein gewisser Teil des geschlossenen Informationsgutes kostenlos zur Verfügung gestellt.

Eine solche Strategie gewährt eine Erlösgenerierung durch das Auflockern asymmetrischer Informationsverteilungen, wodurch eine Kaufbereitschaft erzeugt wird. Die zeitliche Preisdifferenzierung und das Bündeln finden ihre Hauptanwendung ebenfalls bei den geschlossenen Informationsgütern, aber wieder aufbauend auf den Versioning-Modellen (z. B. digitalen Zeitungen mit Leseproben, Börsenkursen mit 15 Minuten Zeitverzögerung – dann aber kostenlos etc.).

Die **dynamischen Informationsgüter** verwenden meist indirekte Erlösmodelle. Die Finanzierung erfolgt über Dritte, die einen wirtschaftlichen Nutzen aus dem Elektronische-Wertschöpfungsprozess ziehen können. Für die Masse bleibt das Angebot in den häufigsten Fällen kostenlos. Preisvergleichsseiten finanzieren sich überwiegend aus Trend- und Markt-

---

[146] Vgl. Lehmann/Buxmann (2008), S. 20.
[147] Vgl. Maaß (2006), S. 157.
[148] www.miamarkt.de.; www.musiload.de.
[149] www.springer.com.; www.grin.de.

forschungsdaten, die sie an Hersteller oder Marktforschungsinstitute verkaufen. Erlöse aus Nutzungs- und Grundgebühren für Onlinekunden oder Einstellgebühren und Provisionen sind z. B. bei Preisvergleichsseiten ebenfalls möglich.[150]

Die **systemischen Informationsgüter** verwenden eine direkte Erlösgenerierung durch das Prinzip der nichtlinearen Preisbildung. Dieses wird häufig mit dem Versioning kombiniert, um Informationsasymmetrien zu lockern und Spill-over-Effekte zu erzielen.[151] Beispiele sind die systemischen Online-Multiplayer-Spiele, die häufig werbefinanziert sind und ihre Erlöse durch In-Game-Advertising erzielen.[152] Häufig sind diese Spiele mit Second-Life-Angeboten verbunden, die beim Gebrauch nichtlineare Preisbildungen zum Ansatz haben. Beim Kauf von Spielen kann die Onlinefunktion im Kaufpreis enthalten sein, oder sie wird durch monatliche Abonnements, im Voraus zu bezahlende Zeitpakete oder in anderer Form entgeltlich gestattet.[153]

Differenzierte Preise reagieren auf die steigenden Profitabilitätsanforderungen des Kapitalmarkts und ermöglichen das Implementieren ausgereifter Zahlungssysteme ins Medium, die selbst eine Einführung komplizierter Preisstrukturen erlaubt.[154] Digitale Informationsgüter reagieren auf Preisdifferenzierungen des zweiten und dritten Grades sehr positiv. Darüber hinaus haben sich die leistungsbezogenen Preisdifferenzierungen für die geschlossenen und systemischen Informationsgüter bewährt. Die dynamischen Informationsgüter sind mehrheitlich mit indirekten Erlösmodellen aufgestellt. Weitere Preisdifferenzierungen setzen dann auf diesen Modellen auf und bilden Kombinationen, die sich an den Größen der Netzwerkeffekte, der Spezialisierung des Angebots und der zeitlichen Relevanz orientieren.[155]

---

[150] Vgl. Brüggemann/Breitner (2003), S. 12.
[151] Vgl. Simon/Fassnacht (2009), S. 508.
[152] Vgl. Emrich (2009), S. 218 f.; vgl. Fritsch/Steinke (2008), S. 27 ff.
[153] Vgl. Wandtke (2011), S. 426.
[154] Vgl. Skiera/Spann (2002), S. 1.
[155] Vgl. Simon/Fassnacht (2009), S. 509.

Abbildung 12: Tendenzen der Erlösmodellsystematik nach der Informationsgüter-klasse

	Geschlossene Informationsgüter	Dynamische Informationsgüter	Systemische Informationsgüter
Erlösmodell-systematik	Direkte Erlöse	Indirekte Erlöse	Direkte Erlöse
Preisdifferenzierung nach Pigou	2. und 3. Grades	2. Grades	2. Grades
Form der Preisdifferenzierung	Leistungsbezogene Preisbildung – Versioning Bündelungen	Mengenbezogene Preisdifferenzierung – Nichtlineare Preisbildung	Leistungsbezogene Preisbildung – Versioning Mengenbezogene Preisdifferenzierung – Nichtlineare Preisbildung
Einordnung	– Musik – Film – Software	-Suchmaschinen – Preisvergleichsdienste	– IP-Telefonie – E-Mail-Anbieter – Soziale Netzwerke

6.4 Vermarktungsstrategien

Die Vermarktungsstrategie soll die Wahrscheinlichkeit des Auftretens eines gewünschten Ereignisses erhöhen. Bei der Unternehmensgründung bedeutet dies die Verwirklichung und Sicherung der langfristigen nach außen gerichteten Ziele und Verhaltensweisen.[156] Das Vermarktungsmodell definiert die Erschließung von Kundenpotenzialen und die dafür zu erarbeitenden Maßnahmen.[157]

---

[156] Vgl. Müller-Stewens (2012).
[157] Vgl. Müller-Stewens/Fontin (2003), S. 18.

6.4.1 Asymmetrische Informationsverteilungen als Vorbereitung des Transaktionsprozesses

Jeder Erlangung eines digitalen Informationsgutes steht immer ein Informationswiderstand gegenüber, der den Transfer blockiert.[158] Diese unvollkommene Information entspringt den begleitenden Zuständen der Unsicherheit und Unvollständigkeit. Die Unsicherheit eines Informationsaustauschs und seiner Umsetzung als Ereignis wird immer geringer als eins sein und somit nie der vollkommenen Information entsprechen. Die Unvollständigkeit bedeutet die fehlende Präzision einer Information und die dadurch reduzierte semantische und syntaktische Schärfe. Dies hat zur Folge, dass mit absteigender Informationsgenauigkeit das Zutreffen der inhärenten Aussage zunimmt, nicht aber deren Aussagekraft.[159]

Der Handel mit digitalen Informationsgütern ist davon abhängig, inwieweit der Unternehmer die Unsicherheiten gegen eins steuern kann und die Unvollständigkeit minimiert. Die für den Händler einer digitalen Information notwendige Transaktion zur Erlangung eines Erlöses wird bestimmt durch die vom Händler offengelegten vorhandenen Informationen über das Gut und durch die für den Käufer für dessen positive Kaufentscheidung notwendigen Informationen.[160]

Abbildung 13: Transaktionsnotwendige Information[161]

$$\text{Transaktionsprozess} = \frac{\text{vorhandene Informationen (Händler)}}{\text{notwendige Informationen (Käufer)}}$$

Das Informationsdefizit oder Risiko kann reduziert werden, indem die Methoden des Signaling und Screening eingesetzt werden. Das Signaling hat seinen Ausgangspunkt bei der besser informierten Partei, wobei versucht wird, sein Gegenüber auf den gleichen Kenntnisstand zu heben. Das Screening geht von der schlechter informierten Partei aus, die

---

[158] Vgl. Grochla (1973), Stichwort: Information, S. 699 f.
[159] Vgl. ebd., Stichwort: Vollkommene und unvollkommene Information, S. 702.
[160] Vgl. ebd., Stichwort: Informationsgrad, S. 702.
[161] Quelle: in Anlehnung an Grochla (1973), Stichwort: Informationsrad, S. 702.

versucht, ihr Defizit durch Handlungen des Prüfens und Inspizierens zu reduzieren.[162] Der Ansatzpunkt dieser Methoden ist nicht die Reduktion der Unvollständigkeit, somit der asymmetrischen Informationsverteilung des Gutes selbst, sondern vielmehr die Reduktion der Unsicherheit, die bei der Transaktion aufkommen kann.[163] Hinsichtlich der prüfbaren Leistungseigenschaften von Informationsgütern (vgl. Kapitel 4) kann die Unsicherheit auf drei Arten reduziert werden.

**Abbildung 14: Reduktion von Unsicherheit in Abhängigkeit von der informations-
ökonomischen Eigenschaftskategorie[164]**

Kategorie	Dauer der Asymmetrie	Ansatzpunkt zur Reduktion der Unsicherheit vor dem Kauf
Sucheigenschaften	kurzfristig	Ursache – Asymmetrieabbau durch leistungsbezogene Information
Erfahrungseigenschaften	mittelfristig	Wirkung – Unsicherheitsreduktion durch leistungsbezogene Informationssubstitute
Vertrauenseigenschaften	langfristig/dauerhaft	Wirkung – Unsicherheitsreduktion durch leistungsübergreifende Informationssubstitute

Eine Unsicherheitsreduktion durch leistungsbezogene Informationen reduziert die Informationsasymmetrie an der Quelle, somit an der Informationsleistung selbst. Die leistungsbezogenen Informationssubstitute reduzieren nicht die Informationsasymmetrie, sondern deren Wirkung. Die Unsicherheit wird durch Leistungseigenschaften des Transaktionsobjekts (z. B. Garantien) abgebaut; das Informationsdefizit bleibt aber bestehen. Die leistungsübergreifenden Informationssubstitute reduzieren das Unsicherheitsrisiko bezüglich des Händlers, indem die Reputation oder die Marke zur Vertrauensbildung eingesetzt wird.[165] Die Informationsasymmetrien verstärken ihre Wirkung auf den Transaktionsprozess, je länger sie anhalten.[166]

---

[162] Vgl. Erlei (2012).
[163] Vgl. McLachlan (1999), S. 28.
[164] Quelle: McLachlan (1999), S. 44.
[165] Vgl. Adler (1996), S. 59 ff.; vgl. McLachlan (1999), S. 44 f.
[166] Vgl. McLachlan (1999), S. 45.

Im Grunde lassen sich bei Informationsasymmetrien drei Handlungsweisen umsetzen: Sie können abgebaut, erhalten oder aufgebaut werden. Prinzipiell gilt der **Abbau** der Informationsasymmetrien beim Transaktionsprozess jedoch als vorrangig, da sie bei einem Erhalt schnell zu volkswirtschaftlichen Verlusten führen können.[167] **Kurzfristige Informationsasymmetrien**, wie sie in Tabelle 14 beschrieben wurden, können an dem Aufwand der Nachfrager bemessen werden, den sie zur Erlangung eines Gutes benötigen. Diese im Vergleich zu den anderen Informationsasymmetrien geringen Widerstände kann der Anbieter noch weiter reduzieren. Dabei können Information z. B. so platziert werden, dass sie sofort sichtbar sind und nicht erst noch gesucht werden müssen.

Der Abbau **mittelfristiger Informationsasymmetrien** ist für den Nachfrager möglich, aber aus Kostengründen nicht realistisch. Jedoch kann der Anbieter die Kosten der Informationsbeschaffung für den Nachfrager so weit senken, dass sie vor dem Kauf auffindbar sind. Ein daran ansetzendes Prinzip ist das Versioning (vgl. Kapitel 6.3.2). Die **langfristigen Informationsasymmetrien** lassen sich ebenfalls nur durch einen erheblichen Aufwand beseitigen, indem die Anbieter ihren Kunden z. B. Einblicke in Produktionsprozesse geben.

Die Reduktion einer Asymmetrie ist für den Nachfrager immer von Vorteil, da er seine Kaufentscheidung genauer bemessen kann. Dies führt aber auch zu einer höheren Chance, die Leistung abzulehnen, weshalb es für den Anbieter nicht immer sinnvoll erscheint, dieses Ungleichgewicht zu reduzieren. Der Erhalt von Informationsasymmetrien ist grundsätzlich opportunistisch und gesellschaftlich nicht wünschenswert und würde beim Bekanntwerden zu einer sofortigen Sanktionierung durch die Nachfrager führen.[168] Die notwendigen Bedingungen für den Abbau, Erhalt und Aufbau von Informationsasymmetrien sind in nachstehender Abbildung festgehalten.

---

[167] Vgl. McLachlan (1999), S. 56; vgl. Spremann (1990), S. 562.
[168] Vgl. McLachlan (1999), S. 56; vgl. Arrow (1984), S. 144.

Abbildung 15: Plausibilitätsüberlegungen zum Gestaltungsmix[169]

Ein ... von IA	Ist sinnvoll wenn ...
• Abbau	• dadurch die **Unsicherheit** der Nachfrager bezüglich der Qualität relevanter Produkteigenschaften **besser reduziert** werden kann als durch die Konkurrenten, und/ oder
	• der **Anbieter** gegenüber dem Konkurrenten einen **objektiven Vorteil** bezüglich der Qualität relevanter Produkteigenschaften besitzt, und/ oder
	• die **Konkurrenten bisher die** Unsicherheiten bezüglich relevanter Produkteigenschaften **besser reduzieren** konnten als der Anbieter, ob- wohl die Qualität der Eigenschaften relativ homogen sind.
• Erhalt	• durch einen Abbau die Nachfrager **Informationen** erlangen könnten, die im Vergleich zu den konkurrierenden Angeboten zu einer „schlech- ter"-Beurteilung der Eigenschaftsausprägung führen würde, und/oder
	• der Anbieter die **Unsicherheit** der Nachfrager z. Zt. **besser** als die Konkurrenten **reduzieren** kann, und/ oder
	• die Nachfrager **bereits Erfahrungen** mit dem Produkt gesammelt haben, und der Anbieter somit einen Erfahrungsvorsprung vor den Kon- kurrenten hat, der bei einem Abbau verloren gehen würde, d. h. allge- mein
	• zusätzliche Informationen eine **zu hohe Markttransparenz** und damit [...] einen verstärkten Preiswettbewerb bedeuten würde.
• Aufbau	• der Anbieter die **Unsicherheit** der Nachfrager bezüglich der Produkt- qualität **besser** als die Konkurrenten **reduzieren** kann, und/ oder
	• bereits eine **zu hohe Markttransparenz** existiert [...].

Allgemein gilt die Vorgabe, dass sie, nur wenn Informationsasymmetrien existieren, auch zu einem Vertrauensverhältnis zwischen Kunden und Anbietern führen. Wenn den Kunden alle Information transparent offengelegt werden, braucht er den Anbietern dementspre- chend auch kein Vertrauen entgegenzubringen. Da diese Eigenschaft aber die Grundlage

---

[169] Quelle: McLachlan (1999), S. 77.

der Kundenbindung ist und diese zu höheren Erlösen führt, kann der Aufbau von Informationsasymmetrien aus opportunistischer Sicht gerechtfertigt sein.[170]

Bei **Suchkäufen** empfiehlt es sich, die Strategie der größtmöglichen Transparenz anzustreben, um Nachteile bei der Konkurrenz deutlich zu machen. Beim Kauf eines **Erfahrungsgutes**, das die gleichen Eigenschaften wie das der Konkurrenz aufweist, sollte die Leistung als Erfahrungsgut positioniert werden. Durch die gleichen Eigenschaftsvoraussetzungen wie die bei der Konkurrenz hat der Nachfrager keine Motivation, den Anbieter zu wechseln (hierzu Umstellungskosten, vgl. Kapitel 6.4.2). Ist die Reputation des Anbieters eines **Vertrauensgutes** größer als beim Konkurrenten bei einem gleichen Angebot, sollte sich der Anbieter auf dem Vertrauensmarkt mit gleichbleibenden Informationsasymmetrien positionieren, um so seinen Vorsprung durch die Reputation zu seinen Gunsten auszunutzen.[171]

6.4.2 Umstellungskosten als Kundenbindungsmechanismus

Die Kundenbindung bezeichnet das strategische Ziel, einen Leistungsnachfrager emotional freiwillig dauerhaft an ein Unternehmen zu binden. Sie kann durch unternehmerische Handlungen mit verankerten Wechselbarrieren (Log-in) verstärkt werden.[172] Die Kundenbindung wird in zeitlicher Dimension in Nutzungshäufigkeit und Dauer unterschieden. Bei der Nutzungshäufigkeit geht es um die Frequenz des Aufrufens einer Leistung.

Mögliche Ansatzpunkte sind die Nutzungshäufigkeit eines Angebotes innerhalb eines bestimmten Zeitraums oder die Anzahl der Seitenaufrufe eines Nutzers. Bei der Dauer geht es um die Dauer der Nutzung, wie z. B. die Maximierung der Nutzungsdauer je Inanspruchnahme bei Internetseiten oder der Leistung selbst.[173] Das Ziel der Kundenbindung ist die Erhöhung der Wechselkosten durch die Verbundenheit der Kunden mit einer Leistung oder ihre Gebundenheit daran.[174]

---

[170] Vgl. McLachlan (1999), S. 72.
[171] Vgl. ebd. (1999), S. 101 f.
[172] Vgl. Puschmann (2012).
[173] Vgl. Wirtz (2010), S. 535.
[174] Vgl. Blut (2008), S. 2.

Abbildung 16: Bindungszustände als Gegenpole[175]

Unterschiedskriterium	Verbundenheit	Gebundenheit
Kundenbindende Aktivitäten des Anbieters	Management der Kundenzufriedenheit und des Kundenvertrauens	Aufbau von Wechselkosten
Bindungswirkung	nicht wechseln wollen	nicht wechseln können
Freiheit des Kunden	uneingeschränkt	eingeschränkt
Bindungsinteresse	geht vom Kunden aus	geht vom Anbieter aus

Der Aufbau von Umstellungskosten zwischen Leistungsnachfragern und Leistungsanbietern hat bei digitalen Informationsgütern eine bedeutsamere Wirkung als bei traditionellen Gütern.[176] Endogene Wechselkosten sind vom Unternehmen hervorgerufene Barrieren, um den Kunden am Abwandern zu hindern. Solche Mechanismen beinhalten z. B. Rabatte und Treue- oder Bonusprogramme.[177] Dabei müssen temporäre Preisänderungen einen direkten Zusatznutzen gegenüber der normalen Preisresponse haben, damit sie wirksam sind.[178] Solche Bonusprogramme verhindern das Überlaufen bestehender Kunden zu Konkurrenten und steigern damit die Kundenpenetration.[179] Exogene Wechselkosten werden bei digitalen Informationsgütern meist durch technologische Unterschiede hervorgerufen.

So können z. B. unterschiedliche Formate von Musikdateien oder Softwareprodukten dafür sorgen, dass ein Kunde die einmal betretene Leistung nicht mehr wechseln kann oder will, da dies für ihn zu teuer wäre.[180] Umstellungskosten sind ein für die Zukunft strategisch wichtiges Instrument, das selbst bei geringen Wechselkosten erhebliche Auswirkungen auf die unternehmerische Überlebensfähigkeit hat.[181] Jedoch müssen Umstellungskosten nicht immer monetäre Kosten sein, da unter Switching Cost auch die verwendete Zeit zu verstehen ist, die jemand z. B. zur Anlegung eines Profils benötigt. Sind positive Kundenbezie-

---

[175] Quelle: Bliemel/Eggert (1998), S. 44.
[176] Vgl. Klodt (2003), S. 119.
[177] Vgl. Shapiro/Varian (1999), S. 109 f.; vgl. Linde/Stock S. 522 f.
[178] Vgl. Diller (2008), S. 387.
[179] Vgl. ebd., S. 494.
[180] Vgl. Shapiro/Varian (1999), S. 70 f., S. 85.
[181] Vgl. ebd., S. 145.

hungen einmal aufgebaut, sind diese Kunden bereit, höhere Preise zu zahlen, da das Vertrauensverhältnis gerne mitbezahlt wird.[182]

Aufgrund der herausgearbeiteten Preisdifferenzierungsstrategien der einzelnen Informationsgüterklassen (vgl. Kapitel 6.3.6) sind die geschlossenen und systemischen Informationsgüter häufig mit den gebundenen Umstellungskosten konfrontiert. Ein Grund dafür sind z. B. die anfallenden Kosten, wenn die Informationstechnologie gewechselt wird. Zahlreiche Beispiele sind in der Softwareindustrie zu finden, wie beim klassischen Windows-versus-Apple-Konflikt oder die Kompatibilität der Musikformate mit den Endgeräten.

Umstellungskosten sind bei Informationssystemen weit verbreitet, weshalb beim Erwerb solcher Güter immer im Voraus an die Umstellungskosten gedacht werden sollte.[183] Die dynamischen Informationsgüter sind durch ihre indirekte Erlösgenerierung gezwungen, das Abwandern der Kunden durch die Verbundenheit mit der Leistung zu verhindern. Das Angebot muss daher kontinuierlich den Ansprüchen der Leistungsnachfrager genügen, da diese sonst den Anbieter wechseln.

6.4.3   Netzeffekte in der Unternehmensplanung

Die benötigten Netzwerkeffekte zur Standardisierung einer Technologie für das Medium waren von zentraler Bedeutung, weil es mit steigender technologischer Vertiefung die digitalen Informationsgüterklassen ermöglichte. Die Metaebene des Mediums wird durch die einheitliche Organisation und Standardlegung der Kommunikationsverbindungen und des Datentransfers repräsentiert. Standards können einerseits durch das Eingreifen des Staates oder andererseits durch den Markt selbst erreicht werden. Die durch den Staat gesetzten Regeln für die Technologie werden auch De-jure-Standards genannt.[184]

Die Erreichung einer solchen Vereinheitlichung kann in manchen Fällen das Eingreifen des Staates erfordern. Die Entscheidungssicherheit, die der Staat für die Unternehmer erzielt, ist

---

[182] Vgl. Brandtweiner (2000), S. 25.
[183] Vgl. Shapiro/Varian (1999), S. 140.
[184] Vgl. Maaß (2006), S. 47 f.

in vielen Fällen der erste Schritt, um eine neue Palette von Produkten einzuführen, die auf diesen Regeln aufbaut. Der De-facto-Standard liefert den Gegenpol zum Staat oder einer offiziellen Standardisierungsorganisation. Ein solcher Standard behauptet sich von selbst, indem er über einen bestimmten Zeitraum von vielen Nutzern als sinnvoll erachtet wird.[185] Ein Marktgleichgewicht vollzieht sich dann auch ohne staatlichen Eingriff durch die Effizienz von Netzeffekten und technologischer Überlegenheit.[186]

Viele Märkte mit hohen Skalenerträgen und starken Netzeffekten zeigen eine Tendenz zur Standardisierung nach dem Prinzip „The winner takes it all".[187] Das Marktversagen lässt sich bei digitalen Informationsgütern auch durch offene Standards verhindern, indem die Eigentumsrechte an einer Leistung aufgegeben werden. Diese haben jedoch den Nachteil, dass dieser offene Standard auf lange Sicht durch die Weiterentwicklung durch viele Anbieter zu einer Verwässerung der Leistung führt und diese dann nicht mehr miteinander kompatibel sind.[188]

Die Standardisierung ist allerdings nicht für alle Netzeffektprodukte von Bedeutung, wenn sie selbst kein hohes Standardisierungspotenzial aufweisen.[189] Auch wenn die digitalen Informationsgüter immer direkten oder indirekten Netzeffekten unterliegen und die Erreichung einer kritischen Masse für einen funktionsfähigen Markt relevant ist,[190] sind die Netzwerkeffekte selbst von ihrer Funktion zu entscheiden. In diesem Sinne sind digitale Informationsgüter einerseits von der Bestimmung technologischer Standards abhängig, da dies einen maßgeblichen Einfluss auf den Gebrauch und die Verbreitung hat; andererseits sind die Netzeffekte zu beachten, die sich entwickeln, wenn sich ein technologischer Standard bereits längst etabliert hat und die Netzeffekte der Qualität in den Vordergrund treten.

Aus technologischer Sicht sind die Leistungskapazität, Kompatibilität, Offenheit und Kontrolle zu berücksichtigen. Die Leistungskapazität beschreibt eine Technologie, die vollkommen neu und auf dem Markt eine Art Revolution darstellt. In diesem Kontext sind

---

[185] Vgl. Lackes/Siepermann (2012); vgl. Maaß (2006), S. 48.
[186] Vgl. Gröhn (1999), S. 44.
[187] Vgl. Klodt (2003), S. 121.
[188] Vgl. Gröhn (1999), S 46 ff.
[189] Vgl. Borrowicz/Scherm (1999), S. 23.
[190] Vgl. Klodt (2003), S. 111.

auch die bei den Konsumenten anfallenden Umstellungskosten (vgl. Kapitel 6.4.2) zu beachten. Die Kompatibilität beschreibt die Einführung einer Technologie, die auf den bestehenden Standards aufbaut und diese geringfügig weiterentwickelt, weshalb sie als Evolutionsstrategie beschrieben wird.

Dieser Weg ist besonders für Unternehmensgründungen geeignet, da es leichter fällt, auf etwas aufzubauen, als es vollkommen zu revolutionieren. Die Kontrolle und Offenheit der digitalen Informationsgüter zeigen, wie der Zugang zu den Schnittstellen und Spezifikationen gestaltet wird, entweder offen einsehbar oder durch Patente geschützt.[191] Allgemein sind größere Unternehmen in einer besseren Position, um Kontrollstrategien zu verfolgen.[192]

Die Qualität ist ein nachfrageorientiertes Attribut des digitalen Informationsgutes und entspricht einer zielgerichteten Vermarktungsstrategie mit dem Hauptmerkmal der Meinungsbildung. Bei ihr werden nicht nur die Netzeffekte auf die Masse berücksichtigt, wie der technologische Zugang, sondern wird auch auf die Bedürfnisse einzelner Zielgruppen eingegangen. Zu den qualitativen Merkmalen zählen z. B. Eigenschaftsausprägungen der Handhabung und des Designs oder der reibungslose Gebrauch eines Produkts. Hierunter wird auch die Ausrichtung der Netzeffekte auf die Zugehörigkeit zu einer Branche, Altersgruppe oder einem Geschlecht verstanden. Diese Netzeffekte, wie sie z. B. in Kapitel 4.2.1 beschrieben wurden, haben einen erheblichen Anteil am Erfolg eines digitalen Leistungsangebots.

Bei den technologischen Netzeffekten sind die Umstellungskosten zu betrachten, da sie meist höher sind als bei den qualitativen Netzeffekten. Aus Sicht der Kundenbindung sind solche Netzeffekte meist in die Kategorie der Gebundenheit eines Unternehmens einzuordnen, wohingegen sich die qualitativen Netzeffekte aus der Verbundenheit eines Leistungsnachfragers ergeben. Die Ausrichtungen der Netzeffekte lassen sich nach dieser Auffassung in die technologischen und organisatorischen Abhängigkeiten des Mediums und in die qualitativen Bedürfnisse der Leistungsnachfrager unterscheiden.

---

[191] Vgl. Shapiro/Varian (1999), S. 258 f.
[192] Vgl. ebd., S. 267.

Abbildung 17: Zweiteilung der Netzeffekte in der Unternehmensplanung

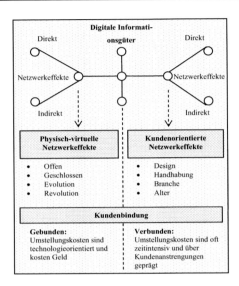

Diese Zweiteilung der Netzeffekte geht zum einen auf die Bedürfnisse des Produkts selbst und zum anderen auf die der Leistungsnachfrager ein. Der Vorteil vollzieht sich dann anhand der Komplexitätsreduktion unter Berücksichtigung aller zuständigen Wirkungsausprägungen der Netzwerkeffekte.

7 Kritische Zusammenfassung und Bewertung

7.1 Eignung und Defizite der Unterteilung digitaler Informationsgüter für die Anwendung auf Geschäftsmodelle bei der Unternehmensgründung

Die Unterteilung der digitalen Informationsgüter aufgrund ihrer Existenzgrundlagen mit dem Medium Internet als Referenzmodell für ein Netzwerk bildet die Voraussetzung für ein besseres Verständnis dessen, wie Informationsgüter auf digitaler Ebene entstehen und sich innerhalb der Bezugsgrößen der Technologien und Organisationsstrukturen bewegen. Die physikalischen und virtuellen Bausteine ermöglichen die Aufspaltung dieser Güterklasse in ihre Grundformen und sind damit ein Wegweiser für eine Geschäftsmodellentwicklung bei der Unternehmensgründung. Die Produktion und der Bewegungsfreiraum der einzelnen Informationsgüterklassen sind die Maßeinheit, mit der sie gemessen werden.

Die geschlossenen Informationsgüter zeichnen sich durch ihre Unabhängigkeit vom Medium aus, was eine höhere Beweglichkeit innerhalb der Technologien ermöglicht. Sie sind nicht direkt vom Netzwerk abhängig und gelangen somit auf eine erweiterte Anzahl von Trägermedien, die sie in der physikalischen Welt beweglicher machen. Die dynamischen Informationsgüter büßen durch eine tiefere technologische Relevanz bei der Produktion einen Teil dieser Beweglichkeit ein. Das Ergebnis ist ein sich permanent erneuender Elektronische-Wertschöpfungsprozess, der sich an Personen oder Gruppen ausrichtet.

Diese Dynamik erfordert eine Verbindung zu einem Netzwerk, das stetig neue Daten liefert, um diesen Prozess zu bedienen. Eine zunehmende Abhängigkeit vom Netzwerk stellt damit eine Reduktion der Beweglichkeit dar. Die Abhängigkeit vom Medium erreicht ihren Höchststand bei den systemischen Informationsgütern. Dieser durch den Verbindungsaufbau gekennzeichnete Prozess des Austauschs von Information erfordert eine unmittelbare Verbindung zum Netzwerk. Der Bewegungsfreiraum verliert bei diesem Gut fast vollständig an Bedeutung.

Ein untergeordnetes Ziel dieser Arbeit war die Kennzeichnung begünstigender innerer und äußerer Umweltfaktoren, die eine Gründung in diesem Wirtschaftssektor unterstützen könnten. Die Ergebnisse dieser Untersuchung haben gezeigt, dass sich den Informationsgüterklassen einzelne Teilbereiche der Geschäftsmodellentwicklung zuordnen lassen. Die Preisdifferenzierung, die beim Vertrieb digitaler Produkte ohnehin bereits als erfolgreich gilt, konnte bestätigt und darüber hinaus für die Informationsgüterklassen spezifiziert werden. Den geschlossenen Informationsgütern konnte die Preisdifferenzierung des zweiten Grades mit der leistungsbezogenen Preisbildung erfolgreich als dominant zugeordnet werden.

Die dynamischen Informationsgüter finanzieren sich hauptsächlich durch indirekte Erlösmodelle, wohingegen die systemischen Informationsgüter eine nichtlineare Preisbildung bevorzugen. Unter allen angewendeten Beispielen fanden sich auch immer Ausreißer, die diesen Tendenzen widersprachen. Außerdem erlaubt das Medium die Einführung komplizierter Ertragsmodelle, die somit die Hybridentwicklung der Erlösgenerierung fördert.

Die Netzwerkeffekte haben in dieser Untersuchung eine Zweiteilung erfahren. Sie können nach den physikalisch-virtuellen Bedürfnissen des Produkts und nach den kundenorientierten Netzeffekten unterteilt werden. Diese Spaltung hilft insofern bei der Unternehmensgründung, als in der Economy of Networks das Themengebiet der Netzwerkeffekte eine immer größere Bedeutung einnehmen wird, wenn man davon ausgeht, dass sich die Verbreitung der IKT fortsetzt. Das Ziel ist die Identifikation und Zuordnung wichtiger Handlungsalternativen der Unternehmenssteuerung.

Die Zweiteilung der Netzwerkeffekte spiegelt auch die Tendenzen wider, dass die Kundenbindung diesem Ansatz folgt. Die Verbundenheit mit einem Unternehmen ist häufig über die physikalisch-virtuellen Netzwerkeffekte anzutreffen, wobei die Verbundenheit der Konsumenten den kundenorientierten Netzwerkeffekten zuzuordnen ist. Die asymmetrischen Informationsverteilungen beim Transaktionsprozess bilden in diesem Zusammenhang die Voraussetzung für die Umsetzung der Preisbildungs-, Kundenbindungs- und Netzwerkstrategien.

Nach diesen Ausführungen gilt die Beantwortung der Forschungsfragen als abgeschlossen, indem die digitalen Informationsgüter hinsichtlich ihrer Existenzgrundlagen unterteilt und die Vor- und Nachteile dieser Gliederung in der Geschäftsmodellausarbeitung hervorgehoben wurden. Die zweite Forschungsfrage nimmt diesen Hintergrund als Basis und erarbeitet detaillierte Handlungsmuster für die Vermarktungs- und Erlösmodelle.

7.2   Schlussbetrachtung und Ausblick auf zukünftige Untersuchungen

Der informationelle Kapitalismus wird mit zunehmender Ausbreitung der IKT an Bedeutung gewinnen und die Gründungs- und Informationsgüterforschung regelmäßig vor Herausforderungen stellen. Das Forschungsgebiet muss die Entwicklungen der realen Sachverhalte wiederholt mit einem wissenschaftlichen Hintergrund vereinen. Der in dieser Arbeit vorgestellte theoretische Ansatz zur Klassifizierung digitaler Informationsgüter liefert hierzu einen Beitrag. Die Verdichtung von Handlungsmustern zu dieser Untersuchung fördert die Minimierung der Ungewissheit bei der Unternehmensgründung.

Die Anreicherung von Handlungsalternativen mit der Reduktion von Fehlentscheidungen ist für jede Gründung ein Hilfsmittel zur Erlangung des Titels eines etablierten Unternehmers. Das vorgestellte Themengebiet sollte durch eine weiterführende empirische Untersuchung gestärkt werden, um dadurch eine vollständige wissenschaftliche Akzeptanz zu erfahren. Das Themengebiet der digitalen Informationsgüter ist noch lange nicht vollständig erforscht und liefert durch deren rasante Entwicklung stets neue Inhalte für zukünftige Untersuchungen.

Literaturverzeichnis

A

Achleitner, A./Breuer, W./Breuer, C. (2012):

    Gründung. In: Gabler Verlag (Hrsg.): Gabler Wirtschaftslexikon. Online:
www.wirtschaftslexikon.gabler.de/Archiv/5896/gruendung-v9.html,
geprüft: 30.11.2012.

Adler, J. (1996):

    Informationsökonomische Fundierung von Austauschprozessen im Marketing.
In: Weiber, R. (Hrsg.): Arbeitspapiere zur Marketingtheorie (3). 2. Auflage. Trier,
110 Seiten.

Ahlert, D. (2001):

    Internet & Co. im Handel – Strategien, Geschäftsmodelle, Erfahrungen.
2. Auflage. Berlin: Springer.

Akerlof, G. A. (1970):

    The market of "lemons": Quality, uncertainty and the market mechanism.
In: The Quarterly Journal of Economics (84), S. 488–500.

Arrow, K. J. (1984):

    Information and Economic Behavior. In: Arrow, K. J. (Hrsg.): The Economics of
Information. Cambridge, Mass.: Harvard University Press, S. 136–152.

B

Bailer, B. (1997):

    Geschäftsmodelle: Methoden und Qualität. Dissertation. Universität Zürich.

Baldegger, R./Julien, P. (2011):

    Regionales Unternehmertum: Ein interdisziplinärer Ansatz. Wiesbaden:
Springer.

Bereuter, F. (2012):

    Internet Startup: Chancen und Risiken einer Unternehmensgründung im Internet.
Hamburg: Diplomica Verlag.

Bhargava, H. K./Choudhary, V (2008):

When is Versioning Optimal for Information Goods?

In: Management Science (54), S. 1029–1035.

Bliemel, F. W./Eggert, A. (1998): *Kundenbindung – Die neue Sollstrategie?*. In:

Marketing-Zeitschrift für Forschung und Praxis, 20 (1), S. 69–81.

Bloß, J. (2003):

Externes Controlling von klein- und mittelständischen Unternehmen unter
Berücksichtigung von Gründungsunternehmen.

München: GRIN Verlag.

Blunck, C. (Hrsg.) (2003):

Electronic Business. Stuttgart: Schäffer-Poeschel.

Blut, M. (2008):

Der Einfluss von Wechselkosten auf die Kundenbindung: Verhaltenstheoretische
Fundierung und empirische Analyse. Wiesbaden: Gabler Verlag.

Böcker, Franz (1982):

Preistheorie und Preisverhalten. München: Vahlen.

Borrowicz, F./Scherm, E. (1999):

Standardisierungsstrategien: Eine erweiterte Betrachtung des Wettbewerbs auf
Netzeffektmärkten. In: Fernuniversität Hagen (Hrsg.): Diskussionsbeiträge
Fachbereich Wirtschaftswissenschaft Nr. 277. Hagen, 28 Seiten.

Bosma, N./Wennekers, S./Amorós, J. E. (2012):

Global Entrepreneurship Monitor 2011-Extended Report: Entrepreneurs and
Entrepreneurial Employees across the Globe. London: Global Entrepreneurship
Research Association. Online: www.gemconsortium.org/docs/
download/2200, geprüft: 30.10.2012.

Brandtweiner, R. (2000):

Differenzierung und elektronischer Vertrieb digitaler Informationsgüter.
Düsseldorf: Symposion Publishing.

Brüggemann, T./Breitner, M. H. (2003):

Preisvergleichsdienste: alternative Konzepte und Geschäftsmodelle . In: Institut der
Wirtschaftsinformatik der Universität (Hrsg.): IWI Diskussionsbeiträge 3.
Hannover, 22 Seiten.

Buttermann, A. (2004):

    Geschäftsmodelle für Netzeffektgüter – eine Analyse am Beispiel des Smart Home.
Dissertation. Ludwig-Maximilians-Universität München.

C

Castells, M./Kößler, R. (2001):

    Das Informationszeitalter I. Opladen: Leske + Budrich.

D

Diller, H. (2008):

    Preispolitik. 4. Auflage. Stuttgart: Kohlhammer.

Dennerlein B. et al. (2012):

    Firmenwert. In: Gabler Verlag (Hrsg.): Gabler Wirtschaftslexikon. Online:
http://wirtschaftslexikon.gabler.de/Archiv/55208/firmenwert-v5.html,
geprüft: 02.12.2012.

E

Ebel, J. (2004):

    Geschäftsmodelle im Internet. München: GRIN Verlag.

Emrich, C. (2009):

    Multichannel-Management:. Gestaltung einer multioptionalen
Medienkommunikation. Stuttgart: Kohlhammer.

Erlei, M. (2012):

    Adverse Selection. In: Gabler Verlag (Hrsg.): Gabler Wirtschaftslexikon. Online:
http://wirtschaftslexikon.gabler.de/Archiv/922/adverse-selection-v6.html,
geprüft: 05.12.2012.

F

Fritsch, T./Steinke, F. (2008):

>Neue Geschäftsmodelle im Markt für Video- und Computerspiele. Die Rolle des
>„In-Game Advertisement". München: GRIN Verlag.

G

Gabor, A. (1955):

>A Note on Block Tariffs. In: Review of Economics Studies (23), S. 32–41.

Gödert, W./Lepsky, K./Nagelschmidt, M. (2010):

>Textsammlung: Automatische Indexierung. Fachhochschule Köln. Online:
>http://linux2.fbi.fh-koeln.de/kram/textsammlung-automatische-indexierung.pdf,
>geprüft: 30.10.2012.

Göbel, E. (2002):

>Neue Institutionenökonomik: Konzeption und betriebswirtschaftliche
>Anwendungen. Stuttgart: Lucius & Lucius.

Gottmann, J. (1961):

>Megalopolis: The urbanized northeastern seaboard of the United States.
>New York City, NY: Twentieth Century Fund.

Grochla, E. (1970):

>Systemtheorie und Organisationstheorie.
>In: Zeitschrift für Betriebswirtschaft (Sonderdruck) 40, 16 Seiten.

Grochla, E. (1973):

>Handwörterbuch der Organisation.
>Stuttgart: C. E. Poeschel.

Gröhn, A. (1999):

>Netzwerkeffekte und Wettbewerbspolitik. Eine ökonomische Analyse des
>Softwaremarktes. Tübingen: Mohr Siebeck.

H

Heitmann, M./Herrmann, A./Stahl, F. (2006):

>Digitale Produkte richtig verkaufen. In: Harvard Business Manager 28 (8), S. 8–12.

Hering, T. (2005):

> *Unternehmensgründung*. München: Oldenbourg.

Hermanns, A. (1999):

> *Management-Handbuch Electronic Commerce: Grundlagen, Strategien, Praxisbeispiele*. München: Vahlen.

Hermanns, A./Sauter M. (2001):

> E-Commerce – Grundlagen, Einsatzbereiche und aktuelle Tendenzen.
> In: Hermanns, A. (Hrsg.): *Management-Handbuch Electronic Commerce: Grundlagen, Strategien, Praxisbeispiele*. München: Vahlen, S. 15-32.

Hopf, M. (1983):

> *Informationen für Märkte und Märkte für Informationen*.
> Frankfurt am Main: Barudio & Hess.

K

Kirchgeorg, M. (2012):

> *Gütertypologie*. In: Gabler Verlag (Hrsg.): Gabler Wirtschaftslexikon. Online: http://wirtschaftslexikon.gabler.de/Archiv/8522/guetertypologien-v6.html, geprüft: 29.12.2012.

Klodt, H. (2003):

> *Wettbewerbsstrategien für Informationsgüter*.
> In: Berg H. (Hrsg.): Konjunktur, Wachstum und Wirtschaftspolitik im Zeichen der New Economy. Berlin: Duncker & Humblot, S. 107-124.

Kollmann, T. (Hrsg.) (2009a):

> *Gabler, Kompakt-Lexikon Unternehmensgründung*.
> 2. Auflage. Wiesbaden: Gabler Verlag.

Kollmann, T. (2011):

> *E-Business – Grundlagen elektronischer Geschäftsprozesse in der Net Economy*.
> 4. Auflage. Wiesbaden: Gabler Verlag.

Kornmeier, M. (2007):

> *Wissenschaftstheorie und wissenschaftliches Arbeiten. Eine Einführung für Wirtschaftswissenschaftler*. Heidelberg: Physica-Verlag.

Krcmar, H. (2005):

    Informationsmanagement. Dordrecht: Springer.

Kreßner, T. (2008):

    Von der Industriegesellschaft zur Informationsgesellschaft – eine Einführung zu Manuel Castells „Das Informationszeitalter". München: GRIN Verlag.

L

Lackes, R./Siepermann, M. (2012):

    De-Facto-Standard. In: Gabler Verlag (Hrsg.): Gabler Wirtschaftslexikon. Online: http://wirtschaftslexikon.gabler.de/Archiv/75124/de-facto-standard-v6.html, geprüft: 30.10.2012.

Lackes, R./Siepermann, M./Schewe, G. (2012):

    Information. In: Gabler Verlag (Hrsg.): Gabler Wirtschaftslexikon. Online: http://wirtschaftslexikon.gabler.de/Archiv/7464/information-v8.html, geprüft: 26.12.2012.

Lehmann, S./Buxmann, P: (2008):

    Preisstrategien für Software- und Service-Anbieter. In: Buxmann, W. et al. (Hrsg.): Schriften zur Quantitativen Betriebswirtschaftslehre (4). Darmstadt: TU Darmstadt, 24 Seiten.

Linde, Frank (2008):

    Ökonomie der Information. 2. Auflage. Göttingen: Universitätsverlag Göttingen.

M

Maaß, Christian (2006):

    Strategische Optionen im Wettbewerb mit Open-Source-Software. Berlin: Logos.

Mankiw, N. G./Wagner, A. (2004):

    Grundzüge der Volkswirtschaftslehre. 3. Auflage. Stuttgart: Schäffer-Poeschel.

McLachlan, C. (1999):

    Die Gestaltung von Informationsasymmetrien durch das Marketing – eine Analyse des anbieterseitigen Informationsverhaltens auf der Basis informationsökonomischer Überlegungen. In: Weiber, R. (Hrsg.): Arbeitspapiere zur Marketingtheorie (9). Trier: Universität Trier, 113 Seiten.

Mecke, I. (2012):

Vollkommene Konkurrenz. In: Gabler Verlag (Hrsg.): Gabler Wirtschaftslexikon.
Online: http://wirtschaftslexikon.gabler.de/Archiv/4261/vollkommene-konkurrenz-
v9.html, geprüft: 06.12.2012.

Meisner, H. (2006):

Einführung in die Internetökonomie – Arbeiten und Investieren in einer modernen
Wirtschaft. 2. Auflage. Münster: Lit-Verlag.

Müller-Stewens, G. (2012):

Strategie. In: Gabler Verlag (Hrsg.): Gabler Wirtschaftslexikon. Online:
http://wirtschaftslexikon.gabler.de/Archiv/3172/strategie-v8.html,
geprüft: 28.12.2012.

Müller-Stewens, G./Fontin, M. (2003):

Die Innovation des Geschäftsmodells – der unterschätzte vierte Weg. Die vier Teile
des Kapitalisierungsmodells der Wertschöpfung. In: Frankfurter Allgemeine
Zeitung (172), S. 8.

N

Noack, S. (2007):

Elektronische Marktplätze. München: GRIN Verlag.

P

Pfitzinger, E. (2001):

DIN EN ISO 9000:2000 für Dienstleistungen. 2. Auflage. Berlin: Beuth.

Piekenbrock, D. (2012):

Knappes Gut. In: Gabler Verlag (Hrsg.): Gabler Wirtschaftslexikon. Online:
http://wirtschaftslexikon.gabler.de/Archiv/11011/knappes-gut-v6.html,
geprüft: 02.01.2013.

Pigou, A. C. (1929):

The Economics of Welfare. London: MacMillan.

Puschmann, K. (2012):

    Kundenbindung. In: Gabler Verlag (Hrsg.): Gabler Versicherungslexikon. Online: www.versicherungsmagazin.de/Definition/33480/kundenbindung-v.html, geprüft: 12.01.2013.

S

Schoegel, K. (2001):

    Geschäftsmodelle. Konstrukt – Bezugsrahmen – Management. München: FGM-Verlag.

Schwickert, Axel (2004):

    Geschäftsmodelle im Electronic Commerce – Bestandsaufnahme und Relativierung. In: Justus-Liebig-Universität (Hrsg.): Professur BWL – Wirtschaftsinformatik, Arbeitspapiere WI, Nr. 2/2004. Gießen, 16 Seiten.

Shapiro, C./Varian, H. R. (1999):

    Online zum Erfolg. Strategie für das Internet-Business. München: Wirtschaftsverlag Langen Müller/Herbig.

Simon, H./Clausen, G/Tacke, G. (2012):

    Netzwerkeffekte. In: Gabler Verlag (Hrsg.): Gabler Wirtschaftslexikon. Online: http://wirtschaftslexikon.gabler.de/Archiv/17568/netzwerkeffekte-v6.html, geprüft: 11.12.2012.

Simon, H./Clausen, G./Tacke, G./Piekenbrock, D. (2012):

    Preisdifferenzierung. In: Gabler Verlag (Hrsg.): Gabler Wirtschaftslexikon. Online: http://wirtschaftslexikon.gabler.de/Archiv/6418/preisdifferenzierung-v7.html, geprüft: 06.01.2013.

Simon, H./Fassnacht, M. (2009):

    Preismanagement: Analyse – Strategie – Umsetzung. 3. Auflage. Wiesbaden: Gabler.

Skiera, B./Spann, M.(2002):

    Preisdifferenzierung im Internet. Vorabversion des Beitrags. In: Schoegel, M./Tomczak, T./Belz, C. (Hrsg.): Roadmap to E-Business – „Wie Unternehmen das Internet erfolgreich nutzen", S. 270–284. Online: www.marketing.uni-frankfurt.de/fileadmin/Publikationen/

preisdifferenzierung_ im_internet_skiera_spann.pdf,
geprüft: 30.10.2012. St. Gallen, S. 270–284.

Spremann, K. (1990):

Asymmetrische Information.

In: Zeitschrift für Betriebswirtschaft 60 (5/6), S. 742–746.

Spremann K./Klinkhammer M. (1985):

Grundgebühren und zweiteilige Tarife.

In: Zeitschrift für Betriebswirtschaft 55 (8), S. 790–820.

Stock, W. G. (2009):

Informationsmarkt. München: Oldenbourg.

Szyperski, N./Nathusius, K. (1999):

Probleme der Unternehmungsgründung. Eine betriebswirtschaftliche Analyse unternehmerischer Startbedingungen. 2. Auflage. Lohmar: Josef Eul Verlag.

T

Tacke, G. (1989):

Nichtlineare Preisbildung. Wiesbaden: Gabler Verlag.

U

Urchs O. (1999):

Universalmedium Internet – Basis der Informationsgesellschaft.

In: Hermanns, A. (Hrsg.): Management-Handbuch Electronic Commerce: Grundlagen, Strategien, Praxisbeispiele. München: Vahlen, S. 33-42.

W

Wandtke, A. (2011):

Medienrecht – Praxishandbuch. Berlin: De Gruyter.

Watts, P. E. (1955):

Block Tariffs: A Comment. In: Review of Economics Studies (23), S. 42–45.

Weiber, R. (1992):

　　Diffusion von Telekommunikation. Problem der kritischen Masse.
　　Wiesbaden: Gabler Verlag.

Wenz, J. (1993):

　　Unternehmensgründungen aus volkswirtschaftlicher Sicht.
　　Bergisch Gladbach: Josef Eul Verlag.

Wirtz, B. W. (2000):

　　Electronic Business. Wiesbaden: Gabler Verlag.

Wirtz, B. W. (2006):

　　Medien- und Internetmanagement. 5. Auflage. Wiesbaden: Gabler Verlag.

Wirtz, B. W./Lütje, S. (Hrsg.) (2006):

　　Instrumente des integrierten Direktmarketings. In: Wirtz, B. W./Burmann, C.
　　(Hrsg.): Ganzheitliches Direktmarketing, Wiesbaden, S. 377-402.

Wirtz, B. W. (2010):

　　Electronic Business. 3. Auflage. Wiesbaden: Gabler Verlag.

Wolff, B./Picot, A. (2012):

　　Informationsökonomik. In: Gabler Verlag (Hrsg.): Gabler Wirtschaftslexikon.
　　Online: http://wirtschaftslexikon.gabler.de/Archiv/54725/informationsoekonomik-
　　v7.html, geprüft: 09.12.2012.

Z

Zentralverband der deutschen Werbewirtschaft e. V. (Hrsg.) (2011):

　　ZAW-Branchen-Analyse: Werbemarkt im volatilen Modus. Online:
　　www.zaw.de/index.php?menuid=1&reporeid=832&gesendet=1,
　　geprüft: 04.12.2012.

Autorenprofil

John J. Winkelmeyer wurde 1986 in Köln geboren. Er ist ein deutscher Wirtschaftswissenschaftler in dem Bereich der Informationsmessung, Versorgung und Steuerung in Netzwerken. Der Autor studierte an der Fachhochschule Köln den betriebswirtschaftlichen Studiengang der Informationswirtschaft und absolvierte diesen im Jahr 2013. Ein Jahr zuvor gewann er den bundesweit ausgeschriebenen Wettbewerb der Firma arcplan im Bereich der Business Intelligence. Nach seinem Abschluss ging Herr Winkelmeyer in den privaten Sektor um seine Forschungen weiterzuverfolgen.